LES

COALITIONS

ET

LES GRÈVES

5421-86. — Corbeil. Typ. et stér. Crété.

LES COALITIONS

ET

LES GRÈVES

D'APRÈS L'HISTOIRE ET L'ÉCONOMIE POLITIQUE

AVEC UN APPENDICE DE LOIS DE DIVERS PAYS

PAR

L. SMITH

Prix Rossi de 1885 à l'Académie des sciences morales
et politiques.

PARIS

GUILLAUMIN ET Cie, ÉDITEURS

De la Collection des principaux Économistes, du Journal des Économistes
du Dictionnaire de l'Économie politique
Du Dictionnaire universel du Commerce et de la Navigation. etc.

RUE RICHELIEU, 14

PRÉFACE

Les coalitions et les grèves étaient depuis longtemps permises en Angleterre, tandis que la loi les prohibait et les punissait encore partout sur le continent européen. Les juristes et la plupart des économistes appelaient sur elles l'animadversion publique, en les accusant, les premiers, d'attenter à la liberté individuelle et de troubler l'ordre, les seconds, de ruiner les entrepreneurs d'industrie et de causer aux ouvriers des misères sans dédommagement. Cependant divers faits rencontrés çà et là m'avaient inspiré des doutes sur cette doctrine, lorsque l'Académie des sciences morales et politiques mit au concours pour le prix Rossi de 1885 la question des coalitions et des grèves. Je recueillis alors tout ce que l'histoire offre de plus remarquable en cette matière depuis le moyen âge jusqu'à nos jours. J'observai les divers objets pour lesquels des coalitions et des grèves avaient eu lieu et les effets qui s'étaient ensuivis. Je notai aussi l'influence qu'avaient eue les circonstances telles que l'état social et politique, la situation économique, et la législation ou la coutume qui régissait les rapports entre les entrepreneurs d'industrie et les ouvriers.

Ce travail me démontra que les économistes en général considéraient seulement les coalitions d'ouvriers tendant à hausser le prix de la main-d'œuvre, et qu'ils laissaient dans l'ombre les coalitions entreprises pour des objets non moins importants que les salaires, savoir : des vices dans l'organisation des ateliers, des règlements draconiens ou injustes, des pratiques abusives, qu'elles avaient fait disparaître, et notamment le droit de coalition, que les ouvriers conquirent à force de persévérance à poursuivre leur émancipation.

Je constatai encore que les économistes s'arrêtaient aux coalitions entreprises pour hausser les salaires sans égard à la situation du marché du travail, par suite sans aucune chance de succès, et qu'ils omettaient toutes les occasions où les ouvriers réussissaient à vaincre la résistance des entrepreneurs d'industrie en sachant profiter de ce que le capital dépassait le nombre des bras disponibles. Enfin en examinant les remèdes proposés pour étendre ou au moins pour atténuer les discordes entre le capital et le travail, je reconnus qu'aucun d'eux n'est capable de produire un effet bien sensible, et que le mieux qu'on ait pu faire a été d'assurer aux deux parties intéressées une égale liberté d'action.

Avant qu'on en soit arrivé là, des siècles se sont écoulés pendant lesquels les ouvriers ont été tenus vis-à-vis des entrepreneurs d'industrie dans un état d'infériorité légale qui se rapprochait plus du servage que de la liberté du travail. On crut faire tout ce que commandaient la raison et la justice en interdisant aux entrepreneurs d'industrie comme aux ouvriers de se coaliser; il n'en résulta qu'une égalité factice, attendu qu'il fut aisé aux premiers de se concerter sans que rien en transpirât. Les ouvriers continuèrent de lutter au moyen de la grève, la seule arme qu'ils eussent pour défendre leurs intérêts. Était-il juste de leur en faire un crime? et à quoi servait-il de déblatérer contre des démêlés qu'il était impossible d'empêcher?

J'ai eu le bonheur de voir l'Académie agréer mon travail et l'honorer de son suffrage, sauf une restriction à l'égard de la partie historique, qu'elle n'a pas trouvée assez développée. Cette observation me faisait un devoir de me remettre à l'œuvre pour combler toute lacune. Seulement les coalitions et les grèves se comptent par milliers; beaucoup d'entre elles se ressemblent de tout point, beaucoup sont insignifiantes et ne disent rien à l'esprit. J'ai donc évité le fatras, en n'insérant qu'un choix de faits intéressants et propres à éclairer le jugement. En même temps j'ai ajouté des observations sur les conceptions des écoles socialistes par rapport aux coalitions, et revu plus d'un passage qui demandait correction.

INTRODUCTION

I

Dans tous les temps, depuis qu'il a existé en ce monde des hommes employés par d'autres à des travaux agricoles ou industriels, il s'est élevé, entre ces deux classes de facteurs de la production, des démêlés qui ont varié de caractère et de forme selon les mœurs, les institutions et les degrés de civilisation.

Sous le régime de l'esclavage, les maîtres ne jouirent pas toujours paisiblement de leur droit de propriété sur les malheureux dont le sort était livré entre leurs mains. Les résistances et les tentatives d'évasion sont attestées par les expédients employés pour les prévenir ou les faire avorter, l'anneau qui serrait le pied de l'esclave, le collier qu'il portait au cou, la récompense offerte à qui ramènerait un fugitif, la peine réservée à qui lui donnerait asile, et la flétrissure qui le marquait au front. Il y eut des évasions qui se firent en masse, entre autres celle de vingt mille esclaves de l'Attique qui, pendant la guerre du Péloponnèse, allèrent joindre les Lacédémoniens dès que ceux-ci eurent occupé Décélie. L'histoire rapporte aussi nombre de luttes à force ouverte. On voit en Grèce les esclaves des mines de Laurium massacrant leurs gardiens, s'emparant de Sunium et ravageant le pays ; dans l'île de Chio, les esclaves insurgés et retranchés dans les montagnes sous le commandement d'un d'entre eux, nommé Drimachus, qui réduit les hommes libres à subir ses conditions. A Rome, de 501 à 419, les esclaves tentèrent trois fois d'incendier la ville et de massacrer les citoyens ; au désir de recouvrer leur liberté se joignait l'intention de s'emparer des femmes et des biens de leurs maîtres. L'Étrurie, l'Apulie, la Campanie coururent tour à tour de pareils dangers. En Sicile, ce furent des armées de cinquante mille esclaves que la puissance romaine eut à combattre (1). Tout plia sous le joug de l'empire ; mais en même temps il s'en fallait beaucoup que les esclaves fussent tous et partout traités avec inhumanité ; leur condition légale s'adoucit ; les affranchissements se multiplièrent ; le colonat finit par remplacer la servitude dans les campagnes. Quant au travail libre, entravé et déprimé par le travail servile, assujetti à une discipline rigoureuse, il n'eut pas plus de force de résistance qu'il n'eut de puissance productive (2).

(1) Voy. l'*Histoire de l'esclavage dans l'antiquité*, par M. Henri Wallon.

(2) Voy. l'*Histoire des classes ouvrières en France avant 1789*, par M. Levasseur, t. Ier.

La loi du servage, qui vint ensuite, rencontra peu d'oppositions à main armée. Les chroniques ne mentionnent que deux insurrections de paysans, l'une en Normandie en 997, l'autre sur les confins de la Bretagne en 1024 (1). En effet les serfs disséminés dans les domaines seigneuriaux, traités tantôt doucement, tantôt durement selon le caractère des châtelains, n'avaient pas tous ensemble tel ou tel grief qui les portât à se liguer pour en obtenir le redressement; mais ils ne manquaient aucune occasion de rompre leur lien et leur travail était peu productif. Beaucoup de seigneurs reconnurent que leur pouvoir exercé dans sa plénitude avait du désavantage par rapport à leurs finances : ces serfs qu'il fallait nourrir, vêtir et loger, prenaient le moins de peine possible; ne valait-il pas mieux leur donner le moyen de subvenir eux-mêmes à leurs besoins? De là provinrent des conventions par lesquelles des serfs obtinrent des concessions de terres moyennant des corvées et des redevances. Les travaux qui se firent en dehors se payèrent en argent. Ce fut le vilainage. Des seigneurs se trouvant dans la gêne cédèrent de leurs droits à ceux des vilains qui purent les payer en deniers comptants; des corvées se convertirent en rentes fixes; les affranchissements arrivèrent. A côté de ces travailleurs, il se forma des populations de serfs évadés des seigneuries dont ils avaient dépendu, et composant une classe ouvrière qui loua son travail à

(1) *Historiens de France*, t. X; Guillaume de Jumièges, p. 185, et *Vie de saint Gildas*, p. 377.

prix d'argent, soit à la tâche, soit à la journée. Le salariat se constitua ainsi dans les campagnes.

Les premiers démêlés sur lesquels on possède des renseignements eurent lieu en Angleterre au milieu du quatorzième siècle. Les expéditions militaires d'Edouard III sur le continent avaient déjà enlevé aux travaux agricoles un certain nombre d'hommes enrôlés de gré ou de force, lorsque la peste de 1349 vint faire des vides encore plus grands. Les ouvriers qui restèrent dans les districts ruraux sentirent, avec l'esprit calculateur de leur race, que les bras, en devenant moins nombreux, avaient acquis une valeur plus grande, et ils voulurent se faire payer plus cher leur main-d'œuvre. Çà et là des coalitions se déclarèrent. Les propriétaires de terres portèrent plainte devant le roi ; si Sa Grâce, dirent-ils, ne leur venait en aide, ils seraient réduits à laisser leurs champs en friche et la famine s'ensuivrait. Le roi ordonna immédiatement à tous hommes ou femmes valides, serfs ou libres, âgés de moins de soixante ans, qui n'exerçaient pas un commerce ou un métier, qui ne possédaient pas un revenu suffisant à leurs besoins et qui n'étaient au service de personne, de travailler pour quiconque les requerrait de le faire, aux prix et conditions en usage avant l'année 1344, sous peine d'être emprisonnés jusqu'à ce qu'ils eussent fourni caution d'obéissance (1).

Cette prescription resta vaine. Dès l'année suivante

____

(1) « The statute of labourers », 18 juin 1349, rendu sans le concours du Parlement.

(1350), un statut taxa les divers travaux des champs. Les
ouvriers furent astreints à faire serment deux fois par
an devant les autorités des comtés, de n'exiger rien de
plus que le prix fixé, et défense fut faite aux propriétaires de donner davantage, afin d'empêcher qu'ils ne
provoquassent des infractions au statut en se disputant
les ouvriers. En 1360, de nouvelles plaintes arrivèrent
au parlement; les ouvriers furent accusés d'abandonner leur travail pour aller chercher ailleurs des conditions plus avantageuses ou se livrer à la mendicité.
Ordre fut donné aux sheriffs de poursuivre ces réfractaires, de les tenir emprisonnés jusqu'à ce qu'ils eussent
fourni caution d'obéissance, et même de les faire mar-
quer au front de la lettre F (1), si la partie lésée le
requérait.

On ne sait quel effet produisirent ces mesures ; mais
on aperçoit de nouveau la discorde en 1388. Les travaux sont encore taxés par un statut, attendu, est-il dit
dans le préambule, que les ouvriers exigent des salaires excessifs, supérieurs à tous ceux qui leur aient
jamais été payés. De plus, défense est faite à tous ouvriers ou ouvrières de quitter le lieu de leur résidence
sans être munis d'un permis délivré par un juge de
paix, sous peine d'être mis en ceps jusqu'à ce qu'ils
aient fourni caution d'obéissance, et il est interdit de
mettre en apprentissage dans les villes aucun enfant
employé aux travaux des champs jusqu'à l'âge de douze

(1) Abréviation de FELON.

ans (1). Bien que par leur prépondérance dans le Parlement les propriétaires du sol eussent toute latitude pour prendre leurs avantages, ils étaient obligés néanmoins d'accumuler expédient sur expédient pour que leurs champs ne restassent pas sans culture, et leurs efforts étaient toujours en défaut sur quelque point. Ainsi le Parlement n'avait pas considéré, en taxant les travaux, que le prix des subsistances, particulièrement celui du blé, était sujet à varier et n'était pas partout le même : il fallut déléguer le droit de taxer la main-d'œuvre aux juges de paix dans les campagnes et aux magistrats municipaux dans les villes (2). Or il paraît que les magistrats municipaux laissèrent les prix se débattre librement; car on ne possède aucune taxe émanée de leur autorité. Quant aux juges de paix, on n'a recueilli que six taxes établies, dans divers comtés, de 1562 à 1725.

Dans les arts mécaniques, il s'éleva des démêlés, non entre des maîtres et des ouvriers, mais entre des personnes qui avaient à faire faire des travaux de construction ou des objets usuels, et des constructeurs ou des fabricants. Le gouvernement intervint comme à l'égard des travaux des champs. Ainsi le statut de 1349 précité défend à tous artisans et ouvriers exerçant un métier quelconque, d'exiger pour leur travail un prix supérieur à celui qui avait cours avant 1344. En 1350 il leur est défendu, comme aux paysans, d'abandonner leur ouvrage. Dix ans après, on voit poindre la

---

(1) « Statutes of the realm », 12 Richard II, chap. IV; 1388.
(2) *Ibid.*, 13 Richard II, chap. VIII; 1389.

coalition dans un statut rendu sur des plaintes concernant les prix du bâtiment. Cet acte déclare nulles et de nul effet toutes conventions ou associations, tous arrêtés ou serments faits ou qui seraient faits à l'avenir entre maçons, charpentiers ou autres, pour hausser le prix des travaux de construction ; il est ordonné de payer le travail à la journée ; le prix est fixé à 4 pence pour les maîtres, et à 3 ou 2 pence pour les ouvriers selon leur capacité, sauf la faculté réservée aux particuliers de faire des marchés à forfait.

II

En France, ce fut dans les corps de métiers que commencèrent des discordes intestines et interminables dont les maîtres furent les premiers auteurs. Les gens de métier, dont se composaient en majeure partie les populations urbaines au xi° et au xii° siècle, avaient formé entre eux des associations, tant pour se prêter une assistance mutuelle contre l'arbitraire des seigneurs ou de leurs officiers, que pour s'assurer le monopole des produits de leur fabrication. Cette puissance collective avait servi à tirer la production industrielle de l'état d'abaissement où elle était tombée depuis la chute de l'empire d'occident et d'où elle n'eût pu se relever avec des efforts isolés ; mais les maîtres s'étaient attribué de très larges prérogatives qui plaçaient les ouvriers dans une condition trop inégale pour ne pas finir par les

aigrir. C'était aux maîtres qu'il appartenait de dresser
les statuts comme bon leur semblait, de déterminer
les rapports des personnes dans la corporation, de ré-
glementer le travail; c'était parmi eux qu'étaient choisis, soit par eux, soit par les officiers seigneuriaux ou
royaux, les prud'hommes, gardes ou jurés qui remplissaient à la fois les fonctions d'administrateurs, d'officiers de police et de juges dans la communauté. Les
ouvriers étaient assujettis à une discipline rigoureuse.
Il leur était interdit de travailler pour aucun particulier. La seule prérogative stipulée en leur faveur consistait en ce qu'ils devaient être employés de préférence
à tous autres venant du dehors; car s'il était interdit
aux maîtres dans une partie des corps de métiers d'employer plus d'un ou de deux apprentis, c'était moins
pour avantager les ouvriers que pour empêcher des
maîtres de faire concurrence aux autres en travaillant
à plus bas prix.

Les règlements ne s'arrêtèrent pas là. Au XIVe siècle
il fut décidé qu'il ne suffirait plus, comme auparavant,
pour passer maître, d'avoir accompli son apprentissage et travaillé comme compagnon pendant quatre ou
cinq années, mais qu'il faudrait faire preuve de capacité en exécutant, sous le nom de chef-d'œuvre, un des
objets du métier du candidat, et les chefs de la corporation furent constitués juges de ce travail. En outre,
l'admission à la maîtrise fut soumise à la condition de
payer préalablement diverses taxes qui contribuèrent
à rendre l'épreuve très coûteuse. Au dire des maîtres,

le chef-d'œuvre avait pour but d'empêcher la fabrication de déchoir dans des mains inhabiles ; mais les
taxes y servaient-elles ? Au vrai, l'intention était de
resserrer le monopole. Les maîtres poussèrent l'égoïsme
jusqu'à rendre l'épreuve plus facile pour leurs fils et à
réduire en leur faveur les droits de réception de la moitié.
Il y eut même des corporations où les statuts ne permirent de s'établir qu'aux fils et aux gendres des maîtres.

A entendre les directeurs des cercles catholiques et
les socialistes mystiques, les ateliers furent autant de
séjours de paix et de concorde. Selon M. de Mun, il
existait un patronage fortement établi par la tradition,
une obligation de ceux qui étaient en haut vis-à-vis de
ceux qui étaient en bas, entre autres des maîtres vis-à-
vis des ouvriers. « La corporation des âges chrétiens,
dit M. Périn, dans son livre *De la richesse dans les
sociétés chrétiennes*, avait trouvé une solution qui donna
aux classes industrielles des siècles de paix et de bien-
être.... Elle procura à toutes les classes vouées au travail le bienfait inestimable d'une certaine fixité des
salaires et des profits avec la stabilité des conditions.
Entre les travailleurs de tout rang qui composaient les
communautés de métiers, il y avait cette solidarité qui
est de la nature de toute œuvre industrielle et sans
laquelle tout souffre dans le travail. » Il est vrai que le
travail était moins sujet aux vicissitudes de hausse et
de baisse qu'avec le libre jeu de la concurrence ; mais
il est faux — l'histoire le nie — que le privilège dont
jouirent les maîtres ait été compensé par des œuvres

de charité chrétienne en faveur des ouvriers. « Ni compagnons ni apprentis, a dit M. Levasseur avec l'autorité du savoir et de l'impartialité, n'avaient dans la plupart des corporations droit aux secours ; ils n'étaient pas plus admis au bénéfice de l'aumône qu'aux autres avantages de la communauté. Les maîtres seuls et leurs veuves en profitaient (1). »

. La stabilité du travail est un bien lorsqu'elle tient à ce que les chefs d'industrie s'efforcent, non seulement d'entretenir, mais encore de développer leur production en la perfectionnant et en s'ouvrant des débouchés ; il en résulte pour les ouvriers un triple avantage : un salaire constant, une hausse dans ce salaire si leur nombre ne s'accroît pas, et une baisse dans le prix des objets fabriqués qui sont à leur usage. Mais dans les corps de métiers la stabilité du travail tint à ce que les maîtres s'attachèrent à limiter la production afin d'empêcher les prix de fléchir, et plus tard en contrarièrent le développement par la répugnance que leur inspirait leur esprit de monopole pour toute innovation dans les procédés de fabrication. Par conséquent, si le travail fut peu sujet à baisser ou à s'interrompre, il ne comporta pas non plus d'amélioration, soit dans le salaire nominal, soit dans le salaire réel.

Les ouvriers, rebutés par ces arrangements, ne virent plus dans le corps de métier qu'un objet de dégoût. Ils cherchèrent ailleurs le moyen de protéger entre eux

(1) *Histoire des classes ouvrières en France avant* 1789, t. Ier, p. 59.

leurs intérêts communs, et ils formèrent des confréries qui leur devinrent plus utiles encore avec l'idée qu'ils conçurent de voyager de ville en ville et de courir les chances de la fortune, au lieu de vivre enchaînés dans un même atelier où leur sort était de rester compagnons toute leur vie. De là sortit le compagnonnage. Les ouvriers arrivant dans une ville y trouvèrent des confrères prêts à leur donner aide et protection. Ils étaient hébergés jusqu'à ce qu'ils eussent de l'ouvrage; on leur prêtait de l'argent s'ils en avaient besoin; on les soignait s'ils tombaient malades; quelle que fût la quantité de travail à faire, les compagnons en donnaient une part en réduisant leurs journées. Par suite, les querelles avec les maîtres devinrent plus fréquentes et plus graves. On vit apparaître les coalitions d'ouvriers avec leur cortège de grèves et d'interdictions de travailler dans tel ou tel atelier (1).

Beaumanoir parle de ce mouvement dans son livre sur les coutumes du Beauvoisis (2). Selon ce jurisconsulte, « si des gens quelconques conviennent entre eux de ne travailler qu'à un prix plus élevé et menacent de sévir contre ceux d'entre eux qui ne tiendraient pas leur promesse, ces gens font une convention contraire au bien public. Si on le souffrait, l'ouvrage ne se ferait jamais à bon marché; car les gens de

(1) Voy. ci-après *France*, § 1ᵉʳ, et pour ce qui précède, l'*Histoire des classes ouvrières avant* 1789, par M. Levasseur.

(2) Chap. xxx. Des meffès, § 62. Nous traduisons le texte en langage actuel afin de faciliter la lecture.

chaque métier s'efforceraient de se faire donner des rétributions plus fortes que de raison. Le souverain ou les seigneurs doivent donc, aussitôt que des conventions pareilles viennent à leur connaissance, faire appréhender au corps les délinquants et les tenir étroitement emprisonnés pendant longtemps, et ensuite on peut leur faire payer 60 sous d'amende. » Boutillier traite aussi des coalitions dans sa *Somme rurale :* « Quand aulcun, dit-il, s'efforce de faire en ung pays ou ville assemblée de gens disant : Nous devons estre ainsi traictés et menés, et devons de tel mestier avoir telle franchise et tel gaignaige; ni ne devons pour ce plus ouvrer ou laisser ouvrer à telle heure; qui chet en tel meffet, il encourt crime capital de monopole. » Et Boutillier veut qu'en pareil cas, on applique la loi 59, *De monopoliis*, l. IV, du Code de Justinien (1).

Ni l'une ni l'autre de ces propositions ne passa dans la pratique. Avec l'organisation des corps de métiers, les maîtres étaient à même de se concerter sans qu'il y parût, et en cas de plainte, l'autorité les sommait de rabattre de leurs prétentions ou les y contraignait en taxant les prix. Quant aux ouvriers qui cessaient de travailler, les officiers de police les traitaient en vagabonds, s'ils ne rentraient pas docilement dans les ateliers, et en perturbateurs du repos public, s'ils causaient du tumulte.

(1) *Somme rurale*, liv. Iᵉʳ.

III

Les rois de France ne commencèrent qu'au seizième siècle à intervenir par des actes législatifs dans les querelles entre patrons et ouvriers. Ce fut à Lyon qu'arriva la première affaire sur laquelle se porta la main du gouvernement. L'industrie et le commerce s'étaient animés au souffle de la renaissance ; de même que dans les arts et dans les lettres, le travail dans les métiers avait pris un essor sans pareil jusqu'à cette époque. A Lyon, grand centre de commerce, s'étaient établies des imprimeries qui prospéraient en faisant des éditions à bas prix. Seulement ce bon marché n'était pas dû à des perfectionnements ou à des combinaisons qui rendissent le travail plus productif et profitassent par là aux ouvriers aussi bien qu'aux maîtres. Ce n'était pas le vrai bon marché que Michel Chevalier a défini dans son Cours d'économie politique, « celui qui a pour objet le perfectionnement de l'industrie dans ses procédés, dans son matériel et aussi bien dans son personnel, celui qu'on rencontre là où le meilleur emploi des forces de l'homme est assuré par un ingénieux outillage. » Le moyen employé par les imprimeurs de Lyon était simplement de faire travailler un très grand nombre d'apprentis qui leur coûtaient beaucoup moins cher que les ouvriers, et de payer une partie des salaires de ceux-ci en nourriture. Le moment vint où les ouvriers trouvèrent que si les presses marchaient à souhait et enrichissaient les maîtres, leur propre condition n'en devenait pas meilleure. Sans faire de bruit ni de tumulte, ils se plaignirent de ne pas être nourris convenablement et demandèrent que le nombre des apprentis fût réduit. Les maîtres refusèrent net. Alors plainte fut portée contre eux par les ouvriers devant le Parlement de Paris qui possédait, entre autres attributions administratives, un droit de contrôle et de règlementation sur les métiers et particulièrement sur l'imprimerie. Les consuls et échevins de Lyon prirent parti pour les maîtres, et, dans l'espoir que ceux-ci réussiraient mieux en s'adressant au roi qu'en plaidant devant le Parlement, ils présentèrent une requête à François Ier, qui effectivement rendit, le 28 décembre 1541, un édit conforme à leurs vœux (1).

Le roi interdit aux ouvriers imprimeurs ou fondeurs, « 1° de se coaliser, de s'élire des chefs et de s'assembler hors les maisons de leurs maîtres en plus grand nombre que de cinq, sans congé et autorité de justice ; 2° de porter des armes ou bâtons invisibles dans les maisons de leurs maîtres ou dans la ville de Lyon et de faire des séditions ; 3° de faire bourse commune pour des banquets, des confréries ou des conspirations (art. 1, 2, 5), » le tout sous peine d'être emprisonnés, bannis et punis comme monopoleurs, et autres peines arbitraires. Les maîtres furent autorisés à faire et prendre autant

(1) Fontanon, *Edits et ordonnances*, t. IV, p. 468.

d'apprentis que bon leur semblerait (art. 3). Il leur fut enjoint de fournir aux compagnons *gages et salaires pour chacun mois, de les nourrir et leur fournir la dépense de bouche raisonnablement et suffisamment selon leurs qualitez.* En cas de plainte de la part des compagnons, le sénéchal de Lyon fut chargé d'y pour-voir sommairement (art. 10 et 11). De plus, ordre fut donné aux compagnons de continuer toute œuvre com-mencée; « si par leur faute ils faisaient perdre formes ou journées aux maîtres, ils devaient les satisfaire par rétention de leurs gages et autres voies que de raison » (art. 6).

Les ouvriers, probablement conseillés et aidés par quelque homme de loi, persistèrent à faire *oppositions, poursuites* et *procédures* contre la clause relative aux apprentis (1). Les consuls et échevins y répondirent par une nouvelle requête au roi, et ils obtinrent des lettres patentes du 19 juillet 1542 qui confirmèrent l'édit antérieur. Ce fut alors le procureur du roi en la séné-chaussée de Lyon qui se rendit appelant devant le Par-lement de Paris contre les dernières lettres patentes, en donnant pour raison que la publication en avait été faite en son absence « et sans qu'il fust ouy ». Par suite, nouvelle requête au roi en son conseil privé, de la part des consuls et échevins, afin d'obtenir que l'ap-pel fût déclaré nul et *qu'en tant que de besoin, il fût de-rechef imposé silence au procureur et aux compagnons*

(1) Fontanon, *ibid.;* Préambule des lettres patentes de 1542, t. IV, p. 469, 470.

imprimeurs. Le roi évoqua l'affaire à son conseil ; les procureurs des deux parties furent entendus ; il se fit une enquête ; puis l'appel fut mis à néant par un arrêt du 11 septembre 1544, qui ordonna aux ouvriers d'observer de point en point l'édit de 1541, sous peine d'une amende de 100 marcs d'or ou autre amende arbitraire (1).

Les renseignements s'arrêtent à cette époque, et reparaissent vingt-sept ans après, en 1571. Soit que la querelle ait continué sourdement, soit qu'elle ait recommencé après une interruption, elle se retrouve dans le même état. Les maîtres ont imaginé un nouveau moyen de réduire le prix de revient, qui est relaté en ces termes dans le préambule d'un édit de Charles IX : « Partie des libraires qui souloient faire leur imprimerie en nostre ville de Lyon, sont contraints faire imprimer hors nostre royaume la meilleure partie de leurs livres, puis soubs une première feuille qu'ils font faire avec leur nom et marque, les vendent à meilleur marché que s'ils estoyent imprimez en nostre royaume, transportans par conséquent le gain que nos subjets devroyent recevoir à estrangers (2). » Le même édit fait connaître les désagréments dont les maîtres se plaignent : « Par le moyen des monopoles et complots que les compagnons font ensemble, il est impossible aux marchands qui voudroient entreprendre, conduire et mettre à fin quelque bon et laborieux

----

(1) Fontanon, *Edits et ordonnances*, t. IV, p. 470 à 473.
(2) *Ibid.*, t. IV, p. 473.

ouvrage d'imprimerie, de s'assurer que ce qui auroit esté commencé par tels imprimeurs mal obeissans aux édits et ordonnances, soit parachevé, et les œuvres demeurant imparfaites, les frais qu'ils auroient avancez seroient perdus (1). »

Charles IX confirma l'édit de 1541 ; mais peu après, il se fit un revirement dont la cause n'est pas clairement expliquée. Une déclaration royale du 10 septembre 1572 (2) apporta des tempéraments aux prescriptions antérieures et des moyens de pacification. Il est interdit dans cet acte aux maîtres imprimeurs « d'avoir plus de deux apprentifs à chacune presse travaillante, à sçavoir l'un à la presse et l'autre à la casse, à moins que les compagnons fussent d'accord de recevoir plus de deux apprentifs. » La question des salaires et de la nourriture est réglée ainsi qu'il suit : « Il sera pourvu aux gages, salaires et vacations des compagnons par le seneschal de Lyon, et pour obvier à toutes desbauches, inconvéniens, querelles et dissensions, il sera défendu à tous maistres imprimeurs de nourrir les dits compagnons, sous prétexte de les prendre en pension, ou sous quelque autre couleur que ce soit, directement ou indirectement. » En retour de l'obligation imposée aux ouvriers de continuer tous ouvrages commencés, il est interdit aux maîtres de les interrompre, « si ce n'est pour quelque cause urgente ou raisonnable, ou pour quelque accident excusable » ; auquel cas ils sont

(1) *Ibid.*, t. IV, p. 473.
(2) *Ibid.*, t. IV, p. 470.

2

tenus « bailler aux compagnons besongne pareille en attendant que le premier œuvre se puisse reprendre » (art. 2). Les maîtres et les compagnons sont soumis respectivement à l'obligation de s'avertir « huit jours devant la fin de l'œuvre, afin qu'ils aient le moyen et le loisir de se pourvoir ailleurs » (art. 7). « Si l'un des compagnons, est-il dit dans l'article 10, laisse son labeur pour quelque occasion que ce soit, les autres ne pourront laisser ni discontinuer le leur ; et pourra le maistre, en telle nécessité, subroger en son lieu tel autre compagnon ou apprentif, un ou deux, qui feront la tasche du compagnon absent. Néantmoins celuy qui aura failly sera condamné en tous despens, dommages et intérêts, s'il y eschet, et en telle réparation pécuniaire que le cas méritera, à l'arbitrage du juge (art. 10) (1).

Il paraît que cette déclaration produisit un meilleur effet que les actes antérieurs ; car les imprimeries de Lyon continuèrent à répandre en France et à l'étranger éditions sur éditions, et les histoires de cette ville, ni les recueils d'ordonnances, ne renferment aucune trace de coalitions d'ouvriers imprimeurs ou fondeurs à partir de 1572.

IV

Durant de longues années, la coalition resta incon-

____

(1) Fontanon, *Édits et ordonnances*, t. IV, p. 477.

nue dans la majeure partie de l'Europe. La politique de Charles-Quint, et surtout celle de son fils Philippe II, exercèrent une influence désastreuse sur l'agriculture et l'industrie, non seulement en Espagne, mais encore dans les provinces méridionales des Pays-Bas. Philippe III, en expulsant les Maures, acheva de détruire les restes du capital industriel de l'Espagne. En Portugal, la culture du sol et les arts mécaniques dépérirent du moment que les rois eurent tourné leurs regards vers la mer et cherché dans les découvertes de pays lointains la gloire et la richesse. Les États d'Italie qui tombèrent sous la domination de l'Espagne en éprouvèrent dans leurs mœurs une altération profonde; une frivolité universelle brisa les ressorts de l'esprit et du caractère au détriment des entreprises utiles. Les républiques marchandes avaient reçu un coup funeste de la découverte de la voie maritime vers les pays d'Orient; l'esprit exclusif dont elles étaient animées contribua encore à les affaiblir par les haines et les luttes qu'il fomenta entre elles (1).

En Allemagne, les forces productives s'animèrent par le moyen des ligues de villes jusqu'aux guerres issues de la réformation. Le morcellement qui s'ensuivit brisa les relations commerciales. A la fin de la guerre de Trente Ans, l'agriculture manqua de bras; les ateliers ne fonctionnèrent plus que pour satisfaire aux premières nécessités. Dans la Saxe seule, le travail

---

(1) Voy. l'*Histoire du commerce*, par Scherer, et l'*Histoire d'Italie*, par César Balbo.

conserva quelque activité. Le réveil arriva lorsque le premier roi de Prusse y créa des sources de richesse par ses soins éclairés; mais en ce temps-là les ouvriers allemands étaient en général dociles et patients; les maîtres ne couraient guère le risque de voir leurs entreprises troublées par des coalitions.

Le travail garda dans la république des Provinces-Unies l'activité qui avait mis ce petit pays en état de résister à tous les efforts de l'Espagne, et cette prospérité continue écarta les discordes entre maîtres et ouvriers. L'agriculture et l'industrie manufacturière, déjà fort avancées pour cette époque, fournissaient aux travailleurs une occupation constante et donnaient des profits considérables qui permettaient de rétribuer largement la main-d'œuvre. Avec des flottes en mouvement perpétuel, un commerce intermédiaire en tous pays, des entrepôts garnis de marchandises de toute sorte, une bourse et des banques où se traitaient d'immenses affaires d'argent, les salaires se maintinrent à un taux élevé jusqu'au milieu du dix-huitième siècle, époque où se manifesta le déclin de la puissance et du commerce des Provinces-Unies (1).

La France fut le pays où les coalitions et les grèves reparurent le plus tôt. De même qu'en Allemagne, les intérêts matériels souffrirent cruellement des guerres de religion. Henri IV, aidé de Sully, entreprit de ranimer le travail; mais, après sa mort, ses créations

____

(1) Scherer, *Histoire du commerce*, t.II.

utiles furent négligées et disparurent en partie. Richelieu fut trop absorbé par les affaires politiques pour
donner à l'agriculture et à l'industrie tous les soins
qu'elles demandaient, et Mazarin s'en occupa encore
moins. Une ère nouvelle ne s'ouvrit pour elles que
lorsque l'administration intérieure fut remise entre les
mains de Colbert, et alors, quelle que fût la puissance
du grand ministre, les ouvriers ne se tinrent pas toujours dans la soumission.

En Angleterre, la reine Élisabeth sut aviver le travail; mais l'impulsion qu'elle lui donna s'arrêta au
milieu des discordes que les deux premiers Stuarts sus-
citèrent par leurs prétentions au pouvoir absolu. L'acte
de navigation promulgué par Cromwell ne montra pas
immédiatement sa fécondité. Sous les deux derniers
Stuarts, les produits français eurent la vogue, tandis
que les marchés de la France étaient fermés aux produits anglais par des droits très élevés. Sous le gouvernement de Guillaume III, au contraire, toutes les
branches de la production furent encouragées par des
mesures habiles, et après que Walpole eut fait prévaloir sa politique de paix, l'industrie britannique entra
dans la voie de prospérité où elle ne devait plus s'arrêter. A cette époque commencèrent aussi dans les
fabriques les discordes intestines dont on ne devait
plus voir la fin.

C'est donc en France et en Angleterre que nous avons
à poursuivre notre étude. Toutefois les coalitions et les
grèves britanniques se distinguent des autres en ce

qu'au lieu de demeurer dans leur forme primitive, elles se sont constituées et organisées comme une sorte d'institution à l'instar du compagnonnage. C'est dans ce pays que le législateur a reconnu le droit de coalition et de grève appuyé du droit de réunion et du droit d'association, pendant que sur le continent les coalitions, si légitimes qu'elles fussent, et les grèves même exemptes de toute violence, étaient encore poursuivies et punies comme délits. C'est là qu'on a vu pour la première fois les luttes des ouvriers contre les patrons conduites méthodiquement, selon des plans arrêtés, avec des ressources préparées, embrassant toutes les questions ouvrières, et que les économistes et les hommes d'État ont trouvé leur principal champ d'études sur cette matière. En conséquence nous donnerons le pas à l'Angleterre.

ANGLETERRE

1

Robert Walpole voulait avoir la paix au dedans
comme au dehors ; parfaitement éclairé sur les sources
de richesse et de grandeur que le pays devait trouver
dans l'industrie et le commerce, il était prêt à briser
tout ce qui pouvait en contrarier les progrès. En 1725,
la fabrication des tissus de laine marchant avec activité,
les peigneurs et tisserands de plusieurs centres manufacturiers se concertèrent pour profiter de cette circonstance et demandèrent une augmentation de salaires
avec une diminution de la journée de travail. La demande fut faite brutalement ; les maîtres y répondirent
par un refus tout net. Il s'ensuivit des violences ; des

fabricants furent maltraités, des ateliers endommagés, des marchandises détruites; le désordre alla jusqu'à des rébellions contre la justice. Walpole obtint sans peine des moyens de répression spéciaux. Une loi déclara nulles et de nul effet toutes délibérations et conventions tendant à forcer la hausse du prix de la main-d'œuvre, et édicta comme peine, en cas de contravention, un emprisonnement de trois mois au maximum, avec ou sans travail forcé, à la discrétion du juge. Tout acte d'agression contre les maîtres, toute menace qui leur serait adressée, furent punissables de la transportation pendant sept ans. La peine de mort même devint applicable à tout individu qui pénétrerait de force dans un atelier ou magasin et y détruirait des produits en préparation ou des métiers et outils servant à les fabriquer. Afin que la repression fût plus facile et plus prompte qu'au moyen de la procédure de droit commun, les prévenus furent soumis à la juridiction d'un tribunal composé de deux juges de paix au moins (1).

Ces dispositions s'étendirent en 1749 à la teinturerie et à la fabrication de tous les tissus (2). Elles existaient à l'époque où Adam Smith publia ses Recherches sur la richesse des nations (1776), et les résultats qu'il constata lui inspirèrent les observations suivantes : « Les ouvriers désirent gagner le plus possible, les maîtres donner le moins qu'ils peuvent ; les premiers sont disposés à se

____

(1) « Statutes at large », 12 George I, chap. 33 ; 1725.
(2) *Ibid.;* 22 George II, chap. 27 ; 1749.

concerter pour élever les salaires, les seconds pour les
abaisser. Il n'est pas difficile de prévoir lequel des deux
partis, dans les circonstances ordinaires, doit avoir
l'avantage dans le débat. Les maîtres peuvent se concerter plus aisément, et de plus la loi les y autorise, ou
du moins ne le leur interdit pas, tandis qu'elle l'interdit aux ouvriers... Les maîtres sont en tout temps et
partout dans une sorte de ligue tacite pour ne pas
élever les salaires au-dessus du taux actuel... Quelquefois ils font entre eux des complots pour les baisser; ces
complots sont conduits dans le plus grand secret, et
quand les ouvriers cèdent, personne n'en entend parler.
Souvent cependant les ouvriers opposent à ces coalitions
une ligue défensive; quelquefois aussi, sans aucune
provocation, ils se coalisent pour élever le prix de leur
travail. Leurs prétextes sont, tantôt le haut prix des
denrées, tantôt le gros profit que font les maîtres; mais
leurs ligues sont toujours accompagnées d'une grande
rumeur; ils ont recours à des clameurs; quelquefois ils
se portent à la violence..... Il est rare qu'ils tirent
aucun fruit de ces tentatives tumultueuses, qui, tant
par l'intervention du magistrat civil que par la persistance des maîtres et la nécessité où sont la plupart des
ouvriers de céder pour avoir leur subsistance, n'aboutissent en général qu'au châtiment ou à la ruine des
chefs de l'émeute (1). »

A ces observations, des économistes ont objecté que

______

(1) Livre premier, chapitre huitième.

si les maîtres pouvaient, en se concertant, réduire les salaires au-dessous du taux normal, ils useraient de cette puissance pour augmenter leurs profits aux dépens des ouvriers, et que cette exagération ferait surgir autour d'eux des concurrents dont l'intervention, en augmentant la demande de bras, remettrait les salaires à leur juste niveau. Cette objection est sujette à réplique. Toutes les industries ne se prêtent pas également à la création d'établissements nouveaux autour de ceux qui existent ; par exemple des mines de houille exploitables avec profit ne se rencontrent pas à volonté. Les capitalistes ne se lancent pas dans une entreprise par cela seul que les salaires sont bas ; pour construire de grands bâtiments, monter des machines coûteuses, installer des forges, percer des puits de mines, il faut une certaine assurance que les débouchés s'élargiront assez pour rémunérer le capital. S'il suffisait que les salaires fussent bas pour qu'il surgît de nouveaux établissements, ce serait une raison pour qu'il n'en surgît point, puisque les salaires devraient hausser, comme on le suppose, et qu'en conséquence l'appât ferait défaut.

Au reste Adam Smith exposa ce qui se passait entre les maîtres et les ouvriers de son temps, et la preuve qu'il disait vrai et frappait juste, c'est que le législateur l'écouta et finit par atteindre les maîtres eux-mêmes. Ce fut à la fin du siècle. La guerre commencée en 1793 entre l'Angleterre et la France avait été éminemment favorable aux intérêts économiques de la première, en lui procurant le monopole des marchés transatlantiques et l'approvisionnement d'une grande partie de l'Europe. L'accroissement de la production et la diminution amenée dans le nombre des bras par le recrutement des armées de terre et de mer avaient contribué à élever le taux des salaires; mais cet avantage se trouva neutralisé par diverses circonstances fâcheuses. Le prix des subsistances haussa considérablement par suite de mauvaises récoltes. Des chefs d'industrie rapinèrent sur les ouvriers en payant les salaires en marchandises à des prix exorbitants, et, pour mieux y réussir, ils mirent de longs intervalles entre les jours de paye. D'autres excitèrent les ouvriers à la dépense en leur faisant des avances d'argent, pour tenir ensuite les débiteurs dans leur dépendance jusqu'à l'acquittement total qui était long à arriver, et il arrivait d'autant plus lentement que ces chefs d'industrie faisaient en outre des retenues énormes sur les salaires à titre d'intérêt. Les hommes, femmes et enfants employés à la filature mécanique étaient entassés dans des ateliers devenus trop étroits avec le progrès de la fabrication; la durée de la journée de travail allait jusqu'à seize heures. Les propriétaires des mines de houille y exerçaient un pouvoir absolu; aucune mesure de sûreté ou de salubrité ne leur était imposée. En Écosse les ouvriers des houillères et ceux des salines étaient soumis à une loi féodale qui les obligeait à travailler tant qu'il plaisait aux propriétaires de mines et de salines de les garder, et les confondait dans les ventes avec les fonds d'exploitation. S'ils allaient s'engager ailleurs, leur maître avait le droit de les faire appréhender au corps et fouetter comme coupables de lui avoir dérobé leur travail.

La patience s'épuisa parmi les ouvriers ; les esprits s'aigrirent ; il s'ensuivit des coalitions et des grèves accompagnées de certains faits qui ne se trouvaient pas spécifiés dans les lois de 1725 et de 1749. En conséquence le législateur se remit à l'œuvre en 1799. Son premier acte fut d'affranchir les ouvriers mineurs ou sauniers de l'Écosse par une loi du 13 juin qui interdit en outre aux propriétaires de mines ou de salines de faire aux ouvriers des avances d'argent, excepté en cas de maladie, et de retenir ensuite sur le salaire plus d'un douzième de la somme due par semaine. Puis une autre loi (1), revisée et amplifiée l'année suivante (2), interdit à tous ouvriers ou autres individus, sous peine d'un emprisonnement de trois mois au maximum dans une maison de détention ordinaire, ou de deux mois au maximum dans une maison de correction, selon que le juge en déciderait : 1° de se concerter pour obtenir, soit une augmentation de salaire, soit une réduction ou un changement dans la durée de la journée de travail en usage, soit une diminution dans la quantité d'ouvrage à faire, ou pour empêcher un chef d'établissement d'employer qui bon lui semblerait, ou pour le contrarier en quoi que ce fût dans la conduite de son

(1) « Statutes at large » ; 39 George III, chap. LVI ; 13 juin 1799.
(2) *Ibid.;* 39 et 40 George III, chap. CVI ; 29 juillet 1800.

entreprise ; 2° de tâcher, soit en donnant de l'argent, soit en usant de persuasion, de sollicitation, d'intimidation ou d'autre moyen, d'empêcher un ouvrier d'entrer dans un établissement, d'induire ou tenter d'induire un ouvrier à abandonner son travail, d'empêcher un chef d'établissement d'employer qui bon lui semblerait, ou de refuser sans cause légitime de travailler avec tel autre ouvrier ; 3° d'assister à une réunion ou de participer à une coalition pour un des objets spécifiés ci-dessus, de tâcher d'attirer des ouvriers dans une réunion ou coalition illégale, ou de donner, recueillir, demander ou recevoir une somme d'argent pour une réunion ou coalition semblable.

Le législateur comprit ainsi sous la même pénalité, non seulement les faits de coalition pour agir sur les salaires ou sur la conduite des entreprises, mais encore tous les actes individuels qui, dans sa prévision, pouvaient concourir aux mêmes fins. La barrière fut aussi complète que possible ; mais elle eut une compensation que l'équité commandait et qu'Adam Smith avait signalée à l'attention du pouvoir : la même loi déclara illicites, nulles et de nul effet toutes coalitions formées entre des maîtres, soit pour réduire le taux des salaires ou changer la durée de la journée de travail en usage, soit pour augmenter la quantité d'ouvrage à faire, avec une amende de 20 livres sterling (500 francs) pour sanction pénale. En outre le législateur offrit aux maîtres et aux ouvriers un moyen de conciliation en les autorisant à porter leurs différends devant des conseils arbitraux dont les décisions seraient exécutoires ; mais les parties ne furent pas mieux disposées qu'auparavant à se rapprocher. Il n'existait toujours entre elles qu'une apparence d'égalité devant la loi ; l'amende qu'encouraient les maîtres n'équivalait pas, à beaucoup près, aux deux ou trois mois d'emprisonnement qui pouvaient être infligés aux ouvriers ; il restait aux maîtres autant de facilité qu'antérieurement pour se concerter sans que rien en transpirât. Le mal s'accrut lorsque le blocus continental, puis la guerre avec les États-Unis, portèrent le trouble dans le commerce britannique. Le travail et les salaires reçurent une atteinte que la paix de 1815 aggrava, en suscitant sur le continent de l'Europe des concurrents protégés par des barrières de douanes. Les chefs d'industrie, pour prendre l'avantage dans cette lutte, s'ingénièrent à développer l'emploi des machines ; or ces inventions arrivaient plus brusquement qu'aujourd'hui ; elles apportaient dans les fabrications des changements plus profonds ; en conséquence elles avaient le grand inconvénient d'enlever à des ouvriers plus ou moins nombreux leurs moyens d'existence. Il eût fallu, par humanité comme par prudence, ménager les transitions, apporter des tempéraments à la force des choses et des adoucissements à la misère qui en résultait ; ce dont les chefs d'industrie en général ne prirent pas le moindre souci.

Les ouvriers, aigris par la détresse et livrés à ses inspirations, tinrent des conciliabules où présida la haine. Il se forma des associations secrètes qui déclarèrent la guerre aux machines; des bandes armées commencèrent leur œuvre de destruction dans le comté de Nottingham et la poursuivirent dans les alentours; des fabriques furent saccagées ou brûlées; les attentats ne cessèrent qu'après une vingtaine d'exécutions à mort. D'autres associations se proposèrent seulement d'augmenter la part de l'ouvrier dans le produit du travail, soit directement en élevant le taux des salaires, soit indirectement par la diminution de la journée de travail sans diminution dans le prix. Ces ouvriers savaient que l'argent est le nerf de la guerre, et qu'il leur fallait se créer des finances; ils ne reculèrent devant aucun sacrifice pour préparer ce moyen d'alimenter les grèves qu'ils entreprendaient. M. le comte de Paris, dans une des meilleures pages de son livre intitulé *les Associations ouvrières en Angleterre*, a décrit les débuts de l'association des fondeurs de fer établie en 1810 et qui devint une des plus riches et des plus puissantes : « Les membres de l'association choisissaient une nuit obscure pour se réunir dans une des landes tourbeuses appelées *moors* qui couvrent les collines du centre de l'Angleterre. C'est là qu'on recueillait les souscriptions pour le fonds commun; c'est là qu'on préparait la grève qui devait éclater sans aucune apparence d'entente entre les ouvriers; c'est là qu'on leur distribuait des secours lorsqu'ils avaient quitté l'ouvrage, et avant que le cri matinal du grouse, seul habitant de ces vastes déserts, vînt attirer le chasseur sur son domaine, les archives de l'association étaient soigneusement enterrées, et chacun reprenait le chemin de la ville voisine. »

Ce n'étaient plus de ces coalitions qui se dissolvent après que les ouvriers ont obtenu ce qu'ils souhaitent ou sont réduits à céder par le manque de ressources ; c'étaient des germes d'organisation pour une lutte durable. L'association fut cimentée par des cérémonies bizarres, des formules cabalistiques et des serments qui portèrent l'empreinte des sentiments religieux, mais mêlés de pensées sacrilèges. Ainsi dans une association de peigneurs de laine, l'admission d'un aspirant se faisait la nuit ; les assistants étaient revêtus de surplis ; il y avait dans un coin de la salle un squelette au-dessus duquel pendaient une hache d'armes et une épée, au milieu une table portant une bible ouverte sur laquelle l'aspirant devait prêter le serment que voici : « Je soussigné peigneur de laine, en présence du Dieu Tout-Puissant, déclare volontairement que j'ai la ferme intention de prêter un appui persévérant à la confrérie connue sous le nom de Société charitable des ouvriers en stuff et autres. Je m'engage solennellement à ne jamais agir en opposition avec la confrérie dans les efforts qu'elle fera pour maintenir le taux des salaires, à y contribuer au contraire de toutes mes forces dans la mesure de la loi et de la justice, et à l'aider dans ses tentatives pour assurer une rémunération légitime au travail. Je prends Dieu à témoin que ni espoir, ni crainte, ni récompense, ni châtiment, pas même la mort, ne pourra me déterminer, par voie directe ou indirecte, à donner le moindre renseignement sur ce qui se sera passé dans la Société, et que je n'écrirai rien sur papier, bois, sable, pierre, ou toute autre chose, par quoi nos actes puissent être connus, à moins que les chefs de la Société ne m'aient autorisé à le faire. Je ne consentirai jamais à ce que l'argent soit distribué ou serve à un autre usage qu'aux intérêts de la Société et du travail. Que Dieu me soit donc en aide et qu'il me permette de garder avec fermeté les engagements que je prends ici solennellement ! Si j'en révèle jamais la moindre partie, puisse la Société tout entière à laquelle j'appartiens, ainsi que tous les hommes justes, me vouer au mépris tant que je vivrai ; puisse ce qui est devant moi plonger mon âme dans l'éternel abîme de misère. Amen. »

Chez les fileurs de Glascow, la formule du serment fut inspirée par des passions atroces : « Moi..., devant Dieu Tout-Puissant, et devant les témoins ici présents, je jure volontairement d'exécuter avec zèle et avec promptitude, autant qu'il dépendra de moi, toute tâche ou injonction que la majorité de mes frères m'imposera dans notre intérêt commun, comme de punir les traîtres, d'expédier les maîtres qui nous oppriment ou nous tyrannisent, de détruire les établissements dont les propriétaires sont incorrigibles, et de contribuer volontiers à nourrir ceux de mes frères qui perdraient leur travail en combattant la tyrannie ou qui cesseraient de tra-

vailler pour résister à une réduction de salaire. Je jure
de plus de ne jamais divulguer l'engagement que je
prends ici, si ce n'est dans le cas où je serais désigné
pour faire prêter le même serment à de nouveaux
membres de la Société. » Et ces engagements ne passè-
rens pas en vaines paroles. Des comités directeurs
trouvèrent des séides qui exécutèrent leurs sentences.
A Dublin, dix ouvriers furent assassinés en trois ans ;
à Glascow, on usa du vitriol et des armes à feu contre
les réfractaires.

II

Inefficacité des prohibitions. — Les coalitions et les méfaits se
multiplient. — En 1824 le législateur se décide à reconnaître le
droit de coalition ; la pénalité est restreinte aux actes de violence et aux tentatives d'intimidation.

Tels étaient les hommes que le pouvoir avait à contenir avec une législation défectueuse. L'action publique n'était déléguée qu'à l'attorney général, et ce magistrat l'exerçait seulement à l'égard des crimes et
délits qui attaquaient directement la chose publique,
ou à l'égard des affaires contentieuses concernant les
propriétés ou les revenus de l'Etat ou de la Couronne.
Pour un délit comme la coalition, il fallait que la partie lésée dénonçât ou accusât le coupable devant le
tribunal compétent ; or, les associations s'entouraient
d'un profond mystère ; les chefs manœuvraient de manière que la preuve de leurs faits et gestes fût difficile
à établir ; et un accusateur ou même un témoin à
charge s'exposaient à des ressentiments redoutables.
Malgré les efforts qu'avait faits le législateur en 1800
pour atteindre tous les faits de coalition connus ou pos-
sibles, depuis lors il en était apparu d'autres auxquels
les juges avaient imaginé d'appliquer, faute de disposi-

tions spéciales, une loi rendue sous le règne d'Edouard Ier contre certains pactes criminels et que la jurisprudence avait étendue progressivement à tout pacte portant préjudice à un particulier. Chacun de ces délits était qualifié *conspiracy* et punissable selon le droit commun ; le jury prononçait sur la culpabilité et le juge appliquait telle amende ou tel emprisonnement qu'il jugeait à propos. Il existait ainsi deux juridictions et deux procédures différentes pour les coalitions, l'une devant deux juges de paix, l'autre devant le jury, et la procédure de droit commun était plus lente et plus coûteuse que l'autre. De plus, la pénalité différait selon la juridiction, en sorte que tel fait pouvait être puni plus sévèrement que tel autre, bien que la criminalité fût égale (1).

Tous ces défauts tournèrent au profit des associations ouvrières (2) ; les coalitions simples et les coalitions accompagnées de méfaits se multiplièrent à un tel point que l'opinion se prononça pour une réforme qui remédiât à ces conflits. Le Parlement ne s'enga   ns dans les questions de droit pur, ni dans des   us-sions économiques ; il ne débattit pas le point de savoir si la coalition était en soi un acte licite ou illicite, si les intérêts auxquels elle touchait commandaient ou ne commandaient pas de la prohiber ; il considéra

(1) Voy. un article de Wolowski dans la *Revue de législation et de jurisprudence*, 1851.

(2) Elles se dénommèrent en anglais *Trade's unions*, mot à mot *unions de métiers*.

simplement qu'elle avait résisté à toutes les mesures ordonnées contre elle, qu'au point où était arrivée l'animosité des ouvriers, la prudence conseillait de se relâcher de la rigueur dont le législateur avait usé jusqu'alors, et qu'il convenait de se borner désormais à réprimer les actes absolument intolérables, c'est-à-dire la violence et l'intimidation. En conséquence, le 21 juin 1824, une loi nouvelle affranchit de toute poursuite et de toute pénalité résultant, soit du droit commun, soit des statuts spéciaux antérieurs, 1° les ouvriers ou autres individus qui se concerteraient pour obtenir une augmentation de salaire, ou pour fixer le taux des salaires, ou pour diminuer ou changer les heures ou la durée de la journée de travail, ou pour diminuer la quantité d'ouvrage à faire, ou pour engager un ou plusieurs ouvriers à abandonner leur travail avant la fin du temps pour lequel ils auraient contracté un engagement, ou pour abandonner ou rendre leur ouvrage avant de l'avoir achevé, ou pour refuser un travail ou une occupation, ou pour régler la manière de conduire un établissement industriel ou commercial (art. 2); — 2° Les maîtres ou autres individus qui se concerteraient pour réduire ou fixer le taux des salaires, pour changer ou augmenter les heures ou la durée de la journée de travail, ou pour accroître la quantité d'ouvrage à faire, ou pour régler la manière de conduire un établissement industriel ou commercial (art. 3).

Le caractère de délit fut restreint aux actes spécifiés

en ces termes : 1° Quand un individu, en usant de
violence envers un autre individu, ou {en attentant sur
sa propriété, ou en employant la menace ou un moyen
d'intimidation quelconque, le contraindrait à rompre
son engagement ou à abandonner son ouvrage avant
la fin du temps pour lequel il se serait engagé, ou à
rendre son ouvrage avant de l'avoir achevé ; — 2° Quand
un individu endommagerait ou détruirait des machines,
outils, marchandises ou objets en cours de fabrication,
ou empêcherait un individu d'accepter un travail ou
une occupation, ou emploierait la violence, la menace
ou un moyen d'intimidation quelconque envers un
individu qui ne voudrait pas se soumettre ou se conformer à des délibérations, réglements ou arrêtés
tendant, soit à obtenir une augmentation de salaires,
ou une diminution ou un changement dans les heures
de travail, ou une diminution dans la quantité d'ouvrage à faire, soit à régler la manière de conduire un
établissement industriel ou commercial ; — 3° Quand
un individu, en usant de violence envers un chef d'établissement ou son agent, ou en attentant sur sa propriété, ou en employant la menace ou un moyen d'intimidation quelconque, le forcerait à faire un changement
dans sa manière de conduire son établissement (art. 5).
Ces actes furent également délictueux s'ils étaient
commis de concert par plusieurs individus (art. 6). La
preuve put s'établir par le serment de deux témoins.
La juridiction fut attribuée à deux juges de paix dont
la sentence serait sans appel, et la peine de l'empri-

sonnement fut limitée à deux mois au maximum.

Ce fut un progrès considérable dans l'histoire du travail et un honneur pour l'Angleterre, qui prit ainsi l'avance sur les nations de l'Europe pour donner aux ouvriers une liberté d'action conforme à la justice et à la raison. Si l'on suppute, comme l'ont fait des économistes, les résultats matériels de la lutte que les ouvriers avaient entreprise contre les maîtres, on ne trouve guère que des pertes à porter au compte des premiers, savoir : le montant des salaires dont ils s'étaient privés, les sommes d'argent qu'ils avaient dépensées pour soutenir les grèves, outre les privations subies par eux pendant le chômage et encore après la reprise des travaux pour réparer les dommages ; et si l'on se tient à ce calcul, on est fondé à en conclure, comme l'ont fait les mêmes économistes, que les grèves n'avaient pas rapporté l'équivalent de ce qu'elles avaient coûté. Mais il manque dans le compte un article à porter à l'actif des ouvriers en regard de leurs pertes et de leurs sacrifices : c'est le droit de coalition qu'ils avaient conquis, droit qu'ils croyaient avec raison ne pas avoir payé trop cher et dont ils allaient user, bien ou mal, à leurs risques et périls.

L'opinion néanmoins n'était pas bien arrêtée ; nombre de personnes voyaient avec inquiétude ou répugnance des ouvriers organisés sur un pied de guerre, marchant au commandement de chefs électifs et s'efforçant de dicter les conditions du travail. Pour dissiper ces sentiments, il eût fallu que les coalitions se renfermassent dans les voies pacifiques, et au contraire il se commit encore des excès et des sévices. Il existait d'ailleurs plus d'une ancienne loi qui plaçait les ouvriers dans une infériorité de condition dont ils avaient fini par se blesser. Lorsqu'un maître violait une convention faite avec un ouvrier, celui-ci ne pouvait réclamer que des dommages-intérêts, tandis que dans le sens inverse, le maître, outre l'action civile, pouvait poursuivre l'ouvrier au criminel et le faire condamner à un emprisonnement. La loi dite du maître et du serviteur (*master and servant*) (1) voulait qu'en justice le premier fût cru de préférence sur son affirmation. La discorde fut encore alimentée par l'essor qu'avait pris la production industrielle. C'est dans les temps prospères où le travail abonde, que les chefs d'entreprise sont le plus exposés à voir se former contre eux des coalitions et des grèves, les ouvriers visant les uns à se procurer un bien-être durable, les autres à se donner des jouissances qui passent en habitude, en sorte que leurs salaires ne peuvent guère monter assez haut pour les contenter. Cette tendance se manifesta surtout dans les associations ; les prétentions y furent d'autant plus hautes et elles furent soutenues avec d'autant plus d'âpreté que l'antagonisme des intérêts était aigri par la haine.

De ces circonstances résulta un revirement dans l'opinion publique. On ne s'arrêta pas à considérer

---

(1) Le mot *servant* désignait les ouvriers comme les domestiques.

que dès le lendemain de leur émancipation, les ouvriers n'avaient pas acquis les lumières et l'esprit de réflexion nécessaires pour user sagement du droit mis entre leurs mains. On ne se dit pas que la séparation qui s'était établie entre eux et les chefs d'industrie était trop profonde pour disparaître instantanément, que cette séparation se compliquait des inégalités choquantes qui subsistaient dans les conditions respectives des parties devant la justice. Avant qu'un an se fût écoulé, la loi de 1824 fut attaquée devant la Chambre des communes par Huskisson, alors président du conseil de commerce (Board of trade). Le ministre s'éleva contre l'organisation des associations ouvrières, contre leurs prétentions et leurs actes de violence. Il cita des articles blâmables qui se trouvaient dans leurs règlements. Il ajouta des critiques dénuées de fondement; à l'entendre, il n'existait plus de peine contre les complots pour la destruction des machines, ni contre les menaces faites de concert, tandis que ces faits étaient prévus et punis dans l'article 6 de la loi nouvelle. Le ministre dit encore qu'en abrogeant toutes les lois antérieures et en déclarant inapplicable la loi de *conspiracy*, on avait donné aux ouvriers lieu de penser que toute coalition quelconque était licite, et au contraire personne ne pouvait s'y tromper. Cependant la Chambre irritée nomma immédiatement une commission qui se mit à l'œuvre, et dès le 6 juillet 1825, une loi remplaça la précédente.

Il fut permis à tous ouvriers de s'assembler pour

délibérer sur le taux de leurs salaires, ou sur la durée
de leur travail, et de faire entre eux à ce sujet des
conventions verbales ou par écrit. Les maîtres également furent déclarés libres de se concerter et de faire
des conventions entre eux relativement aux salaires
qu'ils entendraient payer aux ouvriers et à la durée du
travail. Mais il fut stipulé que ces conventions n'enga-
geraient que les individus qui auraient assisté aux
assemblées dans lesquelles elles auraient été conclues.
(art. 4 et 5). La peine de l'emprisonnement fut reportée
à trois mois au maximum et rendue applicable dans
les cas suivants : 1° Si un individu, en usant de violence envers un autre individu, ou en attentant sur sa
propriété, ou en employant la menace ou un moyen
d'intimidation quelconque (comme dans la loi de 1824),
ou en le molestant ou en l'empêchant d'agir à son gré
(additions) le forçait ou tentait de le forcer à abandonner son travail, ou à rendre son ouvrage avant de
l'avoir achevé, ou l'empêchait ou tentait de l'empêcher de s'engager dans un établissement ou d'accepter
de l'ouvrage ; — 2° Si un individu, en usant de violence
envers un autre individu, on en attentant sur sa propriété, ou en employant la menace ou un moyen d'intimidation quelconque, le molestait ou l'empêchait
d'agir à son gré pour le forcer ou l'induire à entrer
dans une association, ou à contribuer à un fonds de
cotisations, ou à payer une amende, ou par la raison
qu'il n'était pas membre d'une association, ou qu'il
n'avait pas contribué ou qu'il avait refusé de contri-

buer à un fonds de cotisations ou à payer une amende, ou parce qu'il ne s'était pas conformé ou qu'il avait refusé de se conformer à des règlements, résolutions ou arrêtés ayant pour but d'obtenir une augmentation de salaire, ou de réduire le taux des salaires, ou de diminuer ou de changer les heures de travail, ou de diminuer ou de changer la quantité d'ouvrage à faire, ou de régler la manière de conduire un établissement industriel ou commercial (une partie de ces faits était ajoutée); — 3° Si un individu, en usant de violence envers un chef d'industrie ou de commerce, ou en attentant sur sa propriété, ou en employant la menace ou un moyen d'intimidation quelconque, ou en le molestant ou l'empêchant d'une façon quelconque d'agir à son gré, le forçait ou tentait de le forcer à faire un changement quelconque dans sa manière de conduire son établissement, ou de limiter le nombre de ses apprentis, ou le nombre de ses ouvriers, ou leur emploi.

La juridiction fut attribuée, comme auparavant, à deux juges de paix; mais les condamnés purent faire appel à la cour des sessions générales et obtenir la suspension de l'exécution du jugement, en s'engageant à payer 20 livres sterling et en fournissant deux cautions. Un seul témoin suffit pour établir la preuve. Tous les faits de coalition non compris dans la loi, notamment la manœuvre dite *picketing*, qui consiste à détourner ou à empêcher des ouvriers d'entrer dans des ateliers pour y travailler, retombèrent sous la loi commune de *conspiracy*. Le droit du moins resta sauf en principe.

III

Le nouveau régime ne réussit pas mieux que le précédent. — Les
associations attirent de nombreux adhérents et s'organisent
plus solidement. — Associations locales, associations de districts industriels, et fédérations d'associations. — Ressources
et tactique employées pour entretenir les grèves. — Moyens de
défense mis en œuvre par les chefs d'industrie.

Le Parlement ne retira point de fruit de son labeur :
il avait eu beau multiplier les spécifications de faits
délictueux et remettre en vigueur pour le reste la
loi de *conspiracy*; la coalition ne s'en maintint pas
moins en permanence et avec les mêmes allures
qu'auparavant. Les chefs des associations enveloppè-
rent leurs délibérations d'un voile aussi épais que possible; l'intimidation se dissimula avec précaution; quand la loi fut enfreinte au préjudice d'un
patron ou d'un ouvrier récalcitrant, il ne fut guère
plus aisé de trouver un seul témoin qu'il ne l'avait été
d'en trouver deux auparavant, et en général, les
parties lésées ne furent pas plus empressées à intenter
des poursuites. Dans les rares occasions où les juges de
paix rendirent un jugement de condamnation, l'appel
fut interjeté et les cautions se fournirent sur les fonds
de l'association. La poursuite se prolongeant, la

peine perdit de son effet. Il arriva, d'ailleurs, que le démêlé se termina par un arrangement pendant la suspension de l'instance, et alors la poursuite fut abandonnée.

Les associations s'attirèrent des adhérents, tant par une propagande active et par la crainte de leur inimitié, qu'en promettant à leurs membres des secours en cas de maladie, d'accident, ou de chômage, ainsi que des pensions à ceux qui deviendraient incapables de travailler ou qui arriveraient à un certain âge. Elles ne restèrent pas, comme à l'origine, isolées çà et là, renfermées soit dans l'enceinte d'une ville, soit dans un petit centre de fabrication rurale, et dirigées le plus souvent sans prudence ni habileté par des chefs qui devaient plutôt leur élection à des artifices de démagogues ou à la qualité de joyeux compagnons. Il se forma des associations qui embrassèrent tout un district industriel. Puis un grand nombre d'entre elles se liguèrent en forme de fédérations qui s'étendirent à des parties du territoire et jusqu'au territoire entier.

Chaque association, dans ces fédérations, prit le nom de branche ou de loge, et conserva son mode de gouvernement, son corps de fonctionnaires élus par elle, et son droit de percevoir les cotisations fixées par ses statuts. Il y eut des fédérations qui permirent aux branches de disposer de leurs fonds à leur guise, sauf à être requises de les mettre en commun en cas de nécessité ; les autres ne laissèrent aux branches que la faculté de pourvoir à leurs dépenses ordinaires et exigèrent que l'excédent fût versé dans une caisse centrale pour être affecté aux besoins généraux ou réparti entre les branches selon leurs besoins particuliers.

Partout les membres des branches furent convoqués en assemblée générale, chaque mois au moins, pour entendre les rapports des fonctionnaires, approuver ou réformer leurs actes, délibérer sur les réclamations ou les propositions qui pouvaient se présenter, sur les voies et moyens, sur l'emploi des fonds en caisse. Ces assemblées statuèrent aussi dans l'occasion sur l'application des peines disciplinaires ; les sociétaires qui ne remplirent pas leurs obligations ou qui se firent noter pour inconduite, encoururent l'exclusion. Les branches toutefois n'agirent que sous la tutelle et le contrôle d'un conseil général composé d'un président et de membres élus par elles en nombre proportionné avec celui de leurs membres et communément renouvelables tous les six mois. Ces fonctionnaires furent chargés spécialement de surveiller la gestion financière des branches, et investis du pouvoir de juger les appels formés contre les décisions de leurs assemblées ; ils reçurent des traitements et des indemnités de déplacement. Il appartint au conseil général de prononcer sur les demandes à faire aux chefs d'industrie, sur les grèves à entreprendre, sur la manière de les conduire, sur les conditions des traités de paix, et de décider quand il y avait lieu de mettre bas les armes. Lorsque le conseil décrétait une grève générale, toutes les associations confédérées devaient contribuer aux dépenses ; lorsqu'il donnait son approbation à une grève entreprise par une des associations, les autres étaient obligées de soutenir sa cause; mais si une grève était entreprise par une des associations sans l'assentiment formel du conseil, cette association ne devait compter que sur ses propres ressources pour en supporter les charges et les conséquences. Toutefois, le droit d'appel fut réservé contre toutes les décisions du conseil; en cas de réclamation votée par une branche à la majorité des deux tiers des votants, la question dut être mise aux voix dans toutes les branches de la fédération afin que le suffrage universel prononçât en dernier ressort. Ce qui n'eut jamais lieu, attendu que le conseil général prenait ses mesures pour ne pas être contrarié dans ses desseins, et savait faire accepter les déterminations qu'il jugeait nécessaires à l'intérêt social. Par la force des choses, il fut toujours le directeur plutôt que l'exécuteur de la volonté commune.

Sous ce régime, les associations prirent des allures plus habiles. On vit se former chez elles une politique et une tactique raisonnées, au moyen d'un plus grand discernement dans le choix de leurs chefs. Ainsi quand une association s'étendit à tout un district industriel, elle n'attaqua pas tous les établissements à la fois; un seul fut mis en interdit, afin que la caisse sociale pût entretenir en état de chômage une seule partie du personnel plus longtemps qu'elle n'eût pu le faire pour la totalité, et les affiliés qui demeurèrent occupés furent soumis à une taxe supplémentaire pour alimenter la grève. Par ce moyen, les établissements que l'interdit n'atteignit pas, contribuèrent eux-mêmes à fournir à l'association les ressources qui lui étaient nécessaires. Quand le premier chef d'établissement fut amené à composition, l'association passa à un autre et agit de même à son égard s'il ne consentit pas à céder à ses exigences. Ce procédé fut perfectionné dans les houillères des comtés de Durham et de Nottingham en 1849. Les ouvriers demandèrent une augmentation de salaire qui leur fut refusée. Pour vaincre la résistance des exploitants, ils n'agirent que sur une seule mine, suivant la méthode déjà mise en pratique ; mais au lieu de se mettre en grève, ils réduisirent graduellement leur travail de manière à ne gagner que 3 shillings, puis 2, puis un seul par jour. Par ce procédé, dit restrictif, le rendement de la mine tombait presque à rien, et les frais généraux de l'exploitation demeuraient les mêmes, tandis que les ouvriers étaient indemnisés par leurs camarades de la réduction de leurs salaires.

Les associations manœuvrèrent aussi pour écarter les concurrences qui pouvaient déconcerter leurs entreprises. Il leur fallait empêcher les chefs d'établissement de remplacer les grévistes en faisant des recrues parmi les ouvriers restés maîtres de leurs volontés ou exclus des associations. Il y avait encore à craindre la concurrence des ouvriers désignés sour le nom de *moutons noirs* qui se tenaient à l'affût des grèves pour profiter de l'embarras des chefs d'établissement et se faire

payer cher leur secours. A mesure que les communi-
cations devenaient plus faciles, des entrepreneurs de
bâtiments faisaient venir des ouvriers des pays étrangers en leur offrant pour appât des salaires supérieurs
à ceux qu'ils gagnaient chez eux. Les associations avisè-
rent aux moyens de rester maîtresses de la place. Des
sentinelles furent postées autour des établissements mis
en interdit, et chargées d'arrêter au passage les ouvriers
qui s'y rendraient. A cette fin, la persuasion, l'intimidation, la violence, s'employèrent tour à tour, suivant
les circonstances et les caractères. Quand des ouvriers
arrivèrent de l'étranger, l'association intéressée entra
en pourparler avec eux pour obtenir qu'ils se retiras-
sent moyennant une indemnité. Ainsi, à Manchester,
en 1864, les journaliers employés à la construction du
palais de justice se mirent en grève à cause du refus
que leur fit l'entrepreneur de congédier un contremaître qui leur déplaisait. Les maçons dont le travail
se trouvait entravé par ce démêlé, demandèrent une
indemnité, et l'entrepreneur la leur ayant refusée, ils
se mirent en grève à leur tour. Des ouvriers furent
mandés de Londres pour continuer l'ouvrage; mais
l'association des maçons de cette ville intervint pour
les en empêcher en payant leurs frais de retour. L'entrepreneur chercha des recrues dans toutes les parties
de la Grande-Bretagne, et toujours l'association de
Manchester parvint à les lui enlever à tout prix. Il en
trouva qu'il installa dans les bâtiments inachevés; il
leur fit apporter du dehors leur nourriture et tous les

autres objets dont ils avaient besoin; la police veilla autour d'eux; néanmoins la plupart ne résistèrent pas à l'offre de 5 à 7 livres sterling que l'association leur fit pour acheter leur départ. En 1877 des maçons arrivés de l'Allemagne ne travaillèrent que pendant deux jours; le troisième, ils étaient sur un bateau à vapeur en route pour Hambourg. D'autres qui avaient été engagés au Canada pour six mois, se mirent à peine à l'ouvrage; après qu'on leur eut servi à déjeuner et à dîner, ils disparurent les uns après les autres avec leurs outils.

Les associations locales, en dépit de la loi, dressèrent des listes de proscription, dites *listes noires*, sur lesquelles furent inscrits les ouvriers qui avaient violé les règlements ou manqué à leur engagement, ceux qui avaient refusé d'entrer dans une association ou de participer à une grève, et ceux qui par des dépositions en justice avaient fait condamner des affiliés. Défense fut faite de travailler avec les hommes portés sur ces listes. Les associations en fédération n'allèrent pas aussi loin; il fut seulement interdit aux membres d'adresser la parole ou de répondre aux ouvriers qui seraient désignés à leur animadversion pour des faits semblables. A Sheffield, dans la coutellerie, se pratiqua le *rattening* qui consistait à dérober à un ouvrier ses outils pour le mettre dans l'impossibilité de travailler. Les membres des associations locales, rudes de caractère et de mœurs, considéraient comme autant d'ennemis et traitaient comme tels sans pitié tous hommes, soit chefs d'industrie, soit ouvriers, qui faisaient obstacle à leurs volontés. Les membres des associations confédérées, plus civilisés, donnaient pour raison que des hommes qui profitaient de leurs efforts et de leurs sacrifices sans y participer, qui recueillaient leur part des avantages obtenus sans en payer le prix, n'avaient aucun titre à leur bienveillance.

Les chefs d'industrie, déconcertés d'abord par l'apparition inattendue de cette puissance qui disposait de milliers de livres sterling et faisait marcher à son commandement des masses disciplinées, s'entendirent ensemble pour combattre le système de grèves successives imaginé par les associations d'ouvriers en arrêtant simultanément tous les travaux. Déjà antérieurement il s'était fait des conventions analogues : dès 1819, il existait dans le Staffordshire une association de maîtres de forges qui avait pour objet, entre autres, « de régler les salaires et d'en assurer l'uniformité; » les membres étaient engagés, sous peine d'un dédit, à ne pas élever les salaires sans l'assentiment de leurs associés. En 1833, à Liverpool, les entrepreneurs de bâtiments convinrent d'exiger de tous les ouvriers, avant de les employer, l'engagement formel de ne point participer aux associations, et sur le refus des ouvriers, tous les chantiers se fermèrent. Après un chômage désastreux, surtout pour les ouvriers, les entrepreneurs en firent venir d'autres de différentes parties de la Grande-Bretagne. Les associations réussirent à éconduire ces recrues, tant par des exhortations qu'en leur payant leur retour; mais les entre-

preneurs n'en persistèrent pas moins dans leur résolution, et les ouvriers, après avoir épuisé les ressources
de toutes leurs associations, furent réduits à satisfaire à
la condition qui leur était imposée.

Des manufacturiers suivirent cet exemple. Dès
qu'une ou deux fabriques furent mises en interdit,
toutes les autres se fermèrent, en dépit des réclamations des ouvriers affiliés ou non affiliés. Les chefs
d'industrie devaient à la vérité se résigner à subir
des pertes considérables ; mais comme en s'unissant
ils pouvaient parvenir à suspendre leur demande plus
longtemps que les associations ne pouvaient suspendre
leur offre, ils avaient de plus grandes chances de succès.

Les inimitiés entre les deux partis furent poussées à
un tel point qu'on vit des entrepreneurs de bâtiments
et des exploitants de houillères dresser eux-mêmes de
concert des *listes noires*. Les membres de ces associations s'engagèrent à ne jamais employer les ouvriers
ainsi frappés de proscription. Mais il y eut, hâtons-nous
de le dire, d'autres chefs d'industrie qui cherchèrent
et trouvèrent un plus noble moyen de défense dans le
génie de l'invention. Le premier entre tous et le plus
ingénieux fut un ancien ouvrier, nommé Nasmyth, qui
créa les instruments automates. Les mécaniciens de
profession devinrent inutiles avec cette invention ; un
seul homme, une fois mis au courant de la besogne,
put conduire deux, trois, quatre et jusqu'à six outils
mécaniques. Ce fut autant de terrain perdu pour les
grèves dans cette industrie.

IV

Les associations ne répudient pas le salariat; elles ne méconnaissent pas les lois économiques sur le capital et le travail ; ce qu'elles veulent en général, c'est d'agir sur l'offre et sur la demande de manière à assurer aux ouvriers une occupation aussi constante et aussi bien rémunérée que possible. — Différentes règles établies à cet effet dans les statuts des associations ouvrières.

Dans aucune des associations on n'entendit jamais répudier le salariat comme un servage déguisé, ni proposer de le remplacer par l'association, ni parler de changer la forme du gouvernement ou de refaire la société. Bien qu'il fût permis d'attaquer dans les réunions et dans la presse la propriété et le capital, les ouvriers anglais, en général, demeurèrent étrangers aux doctrines socialistes. Il leur était indifférent de recevoir le prix de leur travail sous une forme ou sous une autre; c'était de la substance même du salaire qu'ils se préoccupaient; leur unique but était de l'élever et de le maintenir à un taux qui leur procurât, selon leur expression, *a respectable living*, c'est-à-dire un certain bien-être. Ils savaient parfaitement qu'il n'y a dans toute entreprise qu'un produit à partager entre l'entrepreneur et les ouvriers, et qu'il faut que le capital ait des profits pour qu'il alimente le travail; mais les sentiments de méfiance et de haine qu'ils avaient contractés à l'égard des chefs d'industrie, les portaient à croire qu'ils ne recevaient pas la part à laquelle ils avaient droit. Sans méconnaître les vicissitudes naturelles auxquelles la production est assujettie, ni la loi de l'offre et de la demande, ils pensaient que ces principes économiques étaient faussés à leur détriment par les chefs d'industrie.

Des associations s'efforcèrent d'introduire dans l'organisation du travail des règles qui respiraient l'ancien esprit de monopole en ce qu'elles tendaient à limiter artificiellement l'offre du travail, comme les maîtres des corps de métiers avaient limité l'offre des produits afin d'en hausser le prix ou au moins de le maintenir. A cet égard, les associations du bâtiment, surtout celles des briquetiers et des maçons, n'eurent pas leur égale. Leurs règlements interdirent l'exercice de leur profession à quiconque n'aurait pas fait un apprentissage de cinq à sept ans, et limitèrent le nombre des apprentis. « C'est tout simple, disait un ouvrier appelé à déposer dans l'enquête de 1867; nous avons été élevés dans ce métier, nous avons passé un certain nombre d'années à l'apprendre; en conséquence nous avons bien le droit, dans une certaine mesure, de limiter le nombre des bras proportionnellement à la demande qui peut exister.» D'autres ouvriers alléguèrent que c'étaient eux et non les patrons qui instruisaient les apprentis, que c'était donc à eux qui employaient une

partie de leur temps à cet enseignement, que le prix était
dû, et que si néanmoins leurs leçons étaient gratuites, ils
avaient bien au moins le droit de les refuser ou de limiter
le nombre de leurs élèves au chiffre qui leur convenait.

D'autres associations tâchèrent d'obtenir pour leurs
membres un minimum de salaires, et plusieurs d'entre
elles nièrent que des ouvriers dussent gagner plus que
d'autres; aux yeux de ces dernières, peu importaient
le degré d'habileté et les besoins de famille; il n'y
avait qu'un droit égal pour tous. Conformément à ces
idées, le travail fut réglementé de manière qu'il y eut
constamment un même nombre de bras occupés et
rétribués également. Il fut interdit aux ouvriers de
travailler les uns plus que les autres et au delà d'une
certaine mesure. Les aides ou manœuvres des maçons
durent porter les briques dans une auge, jamais dans
une brouette, et ils ne durent en porter que huit à la fois.
L'emploi des machines fut proscrit tant par les maçons
que par les briquetiers et les tailleurs de pierre. Il fut convenu entre les maçons et les briquetiers que les premiers
se mettraient en grève comme les seconds si les entrepreneurs voulaient employer des briques faites autrement qu'à la main. Les maçons prirent un engagement
semblable envers les tailleurs de pierre, afin de préser-
ver ceux-ci de la concurrence des machines; il fut
signifié aux entrepreneurs que les pierres ne pourraient
être taillées dans les carrières et qu'elles devraient être
amenées brutes dans les endroits où elles seraient
employées. Des associations de briquetiers appliquèrent

ce système prohibitif au territoire même : profitant de
ce que les maisons des grandes villes anglaises sont
bâties de briques qui se font à leurs portes, ces associations s'attribuèrent chacune privativement le district dans lequel elles étaient établies; les fabricants
de briques durent employer exclusivement les briquetiers du district, ne cuire que de la glaise du district, et ne vendre de briques que dans le district,
sous peine de grève.

Une association d'ouvriers ourdisseurs à Manchester
interdit à un de ses membres de prendre avec lui dans
un atelier sa femme et ses sœurs. « Les règlements, lui
dit-on, ne permettent pas l'ourdissage aux femmes parce
que si elles y prenaient part, le salaire des hommes
serait réduit tôt ou tard. » Toutefois il n'existe dans les
autres métiers aucune trace d'exclusion semblable.

Les associations des industries du bâtiment, excepté
celles des peintres et des briquetiers, proscrivirent
le travail à la tâche ou aux pièces, en donnant pour
raison que ce mode de rétribution nuit à la qualité
de l'ouvrage en excitant les ouvriers à travailler avec
trop de précipitation, et que s'il accroît le gain des
ouvriers, il les use aussi par l'excès de la fatigue et les
pousse à l'intempérance. Ces objections n'étaient pas
dénuées de tout fondement; il est de fait que parfois
le travail à la tâche est plus favorable à la quantité
qu'à la qualité et qu'il tourne au préjudice des ouvriers s'ils le poussent jusqu'à l'excès ou s'ils en
gaspillent le produit. Seulement le véritable motif des

ouvriers pour le repousser, était que dans leur pensée le travail à la journée leur permettrait de s'assurer à tous un salaire satisfaisant.

Au reste, toutes ces règles tyranniques et vexatoires restèrent confinées dans quelques métiers du bâtiment et dans certaines villes. En général l'ouvrage se fit selon sa nature et selon le gré des parties. Le travail à la tâche et le travail à la journée se combinèrent ensemble dans les ateliers de construction de machines et de navires en fer; le premier se pratiqua sans difficulté dans les forges, l'exploitation des houillères, la verrerie, la filature et autres industries; l'emploi des machines alla toujours croissant.

V

Les coalitions d'ouvriers n'ont pas pour unique but d'augmenter les salaires ou de les empêcher de décroître; il s'en forme pour faire disparaître des règlements tyranniques ou des pratiques abusives, pour réduire la durée du travail ou pour en améliorer l'organisation. — Effets qu'elles produisent par rapport à ces divers objets.

Un changement réclamé par toutes les associations et justifiable jusqu'à un certain point, fut la réduction de la durée de la journée de travail. Le fond de leur pensée était, il est vrai, de hausser le prix du travail par voie indirecte, en conservant la même rétribution pour une peine moindre; mais dans le fait, les règlements des manufactures, usines et mines avaient porté la durée du travail journalier à un point excessif. Il importait, dans l'intérêt de la société aussi bien que dans l'intérêt des ouvriers, de les soulager sans appauvrir les sources du travail qui les fait vivre, en leur procurant non seulement le temps de repos nécessaire à la conservation de leurs forces, mais encore quelques heures disponibles pour des distractions et des occupations morales et intellectuelles. D'ailleurs, les associations ne prétendirent jamais interdire absolument les longues journées, mais obtenir que la prolonga-

tion du travail fût payée plus cher et que l'ouvrier
pût s'y refuser sans manquer à son engagement.

Le mouvement pour la réduction de la journée de
travail commença en 1831; 3,000 mineurs employés
dans les comtés de Durham et de Northumberland se
mirent en grève pour cet objet, et après avoir souffert
de cruelles misères, ils finirent par l'emporter. La
journée fut réduite à 12 heures; les exploitants eux-
mêmes y gagnèrent. A Londres, en 1858, les entrepreneurs de bâtiments furent contraints de consentir à
ce que la journée du samedi, bien que payée intégrale-
ment, se terminât à quatre heures, et cette limite fut
encore restreinte postérieurement à une heure de l'après-
midi. En 1859, l'association de maçons de la même ville
voulut faire réduire les journées à neuf heures. Les
entrepreneurs fermèrent tous les chantiers; puis ils se
désunirent et se firent concurrence. L'association en
profita pour insister sur la question des neuf heures.
Les entrepreneurs, désireux de vider le différend par
la voie de la conciliation, proposèrent comme moyen
terme d'augmenter un peu le salaire et de le compter par heure, ce que l'association s'empressa d'accepter.

L'affaire n'en resta pas là. Les mineurs de Sun-
derland et de Newcastle demandèrent à leur tour la
réduction de la journée à neuf heures, et ils menèrent
l'affaire avec une telle puissance de moyens que les
exploitants furent contraints de céder. Puis cette
nouvelle condition passa dans les ateliers mécaniques,

dans beaucoup de houillères et dans une grande partie des chantiers du bâtiment.

Les coalitions et les grèves servirent encore à faire disparaître des règlements tyranniques et des pratiques abusives dont les chefs d'industrie tiraient de grands profits et qui eussent défié toutes les attaques d'ouvriers isolés. En 1833, les associations de mineurs de l'Ecosse sollicitèrent, de concert avec celles qui venaient de s'organiser dans le nord de l'Angleterre, l'intervention de l'Etat pour faire établir une meilleure ventilation dans les mines et interdire d'employer aux travaux souterrains des femmes et de jeunes enfants. Des pétitions furent aussi présentées au Parlement contre un usage que les mineurs désignaient sous le nom de confiscation : lorsqu'une caisse de houille arrivait hors du puits sans avoir le poids voulu, ou qu'elle renfermait de la terre ou de la pierre mêlée au charbon, le contenu en était versé au magasin sans être inscrit au compte du mineur qui l'avait extrait. Il y avait des exploitants qui obligeaient les mineurs à trier dans la mine même la houille extraite et à charger dans les caisses les gros morceaux et les menus éclats ; ce qui soulevait des plaintes. Le Parlement se borna d'abord à faire aux exploitants des recommandations qui ne furent point écoutées. Les associations continuèrent à plaider leur cause, soit devant les comités parlementaires, soit devant l'opinion publique, et elles finirent par déterminer le Parlement à agir par voie coercitive. Il fut interdit en 1842 d'employer dans l'intérieur des

mines des femmes et des enfants âgés de moins de
douze ans. A l'égard de la confiscation, le Parlement
institua un contrôle du pesage et en chargea un ouvrier élu par ses camarades et payé conjointement par
eux et par l'exploitant. Puis les associations obtinrent
en 1850 une loi qui créa un corps d'inspecteurs
chargés de veiller aux conditions de sûreté et de salubrité nécessaires. Le nombre et les pouvoirs de ces
agents étant trop restreints pour que leur ministère fût
efficace, les associations pétitionnèrent encore, et une
loi plus complète fut votée en 1855.

Ce fut à force de coalitions et de grèves que les chefs
d'industrie durent se décider à fermer leurs *truck-shops*,
magasins où ils faisaient vendre à crédit à leurs ouvriers
des comestibles, boissons et autres marchandises à des
prix exorbitants ; qu'il leur fut interdit de continuer à
faire aux ouvriers des avances d'argent pour lesquelles
ils retenaient sur les salaires des sommes énormes à
titre d'intérêt. Les ouvriers employés dans les filatures
obtinrent par le même moyen des améliorations dans
l'organisation du travail ; les ateliers s'élargirent et
gagnèrent en salubrité.

Quant aux salaires, les coalitions d'ouvriers ne furent
pas absolument étrangères à la hausse qu'ils éprouvèrent ; mais ce phénomène eut pour cause capitale et
naturelle l'accroissement du capital et des moyens de
production ; car il se manifesta pareillement dans les
parties du territoire où il ne se forma pas d'associations
ni de coalitions. Les associations eurent beau user de

tous les moyens imaginables pour élever le prix de la main-d'œuvre au gré de leurs vœux, elles n'y parvinrent que dans une mesure très restreinte. Il arriva que des chefs d'industrie, surpris dans un moment de presse ou sous le coup d'engagements à jour fixe, trouvèrent plus d'avantage à faire le sacrifice d'une partie de leurs profits qu'à subir les conséquences d'un chômage. On vit aussi dans les travaux du bâtiment et dans certains métiers des grandes villes, par exemple chez les tailleurs, les maîtres consentir à des augmentations de salaires parce qu'ils avaient l'assurance de pouvoir s'en dédommager en reportant la différence sur les consommateurs ou en la compensant par quelque économie dans les autres frais de production. Lorsque les augmentations furent obtenues par surprise, les chefs d'industrie ne restèrent sous le joug que jusqu'à l'achèvement de l'ouvrage, ou jusqu'à ce que la production vint à baisser et que les ouvriers inoccupés acceptèrent des conditions conformes à l'état du marché.

Les coalitions, ou seulement la crainte de voir surgir des grèves, opérèrent dans les moments où l'état du marché du travail comporta une augmentation dans le prix de la main-d'œuvre. Ainsi en 1853, les découvertes de mines d'or en Australie donnèrent une vive impulsion à l'émigration et à l'exportation; les fabriques de produits de toute sorte redoublèrent d'activité et en même temps des vides se firent dans les rangs des ouvriers. Ceux qui restaient profitèrent de l'occasion pour demander des augmentations de salaires que les chefs d'industrie accordèrent sous peine de voir leurs entreprises troublées par des grèves. Dans les cas pareils, les coalitions réussirent à hâter la hausse et à la pousser jusqu'à un point qu'elle n'eût pas atteint sans leur action. En sens inverse, quand la production fut atteinte par une crise commerciale ou par quelque autre revers de fortune, les coalitions purent retarder ou tempérer la réduction du prix de la main-d'œuvre. En général, l'action des associations n'alla pas au delà, et à plus forte raison les efforts des ouvriers qui se coalisèrent accidentellement sans association, eurent encore moins d'efficacité.

VI

Les échecs des associations leur donnent à réfléchir; elles trouvent la grève trop coûteuse pour en user sans une pleine assurance de succès, et elles emploient de préférence la négociation et la transaction. Tarifs de salaires, conseils d'arbitrage.

Les ligues des chefs d'industrie et leur système de suspension générale du travail firent une plus forte impression dans l'esprit des ouvriers que toutes les lois pénales. Quelle que fût leur ténacité, quel que fût aussi leur amour-propre, en définitive le calcul des profits et des pertes en espèces sonnantes leur montra que la grève était devenue un instrument trop coûteux pour être employé sans mûre réflexion et sans nécessité bien reconnue. En même temps le marché du travail s'élargit comme le marché des produits, sous l'heureuse influence des facilités de plus en plus grandes qui s'introduisirent dans le transport des personnes et des choses. De même que les chefs d'industrie, pour conjurer la disette artificielle de bras qui paralysait leurs entreprises, allèrent en chercher en dehors de leurs districts et jusqu'à l'étranger, les ouvriers virent s'ouvrir devant eux des débouchés pour diminuer par l'émigration, soit à l'intérieur, soit au dehors, l'excès de population qui avait pesé sur le prix du travail. Les associations trouvèrent des chefs plus éclairés et plus sages qu'auparavant; à mesure qu'elles grandirent, elles sentirent mieux la responsabilité de leurs actes et elles modérèrent leurs allures. On entendit en 1865 le secrétaire de l'association des fondeurs de fer professer que jamais il ne fallait prolonger une grève au delà de six semaines, et que si au bout de ce temps les ouvriers ne l'avaient pas emporté, leur intérêt bien entendu leur commandait de céder. Il arriva que des comités de direction neutralisèrent eux-mêmes des entreprises inconsidérées ou injustes. Ainsi un groupe d'ouvriers appartenant à une association de plâtriers et employé à des constructions dans le pays de Galles, voulut profiter de l'urgence du travail et demanda non seulement une augmentation de salaire, mais encore une réduction de la journée de travail. L'entrepreneur porta l'affaire devant le conseil de l'Association, plaida sa cause et la gagna. Le conseil décida que le tort était du côté des ouvriers; il refusa de les soutenir; bien plus, il en envoya d'autres à l'entrepreneur pour que le travail suivît son cours.

Les associations se mirent à étudier les circonstances qui influent sur le marché du travail et les moyens d'équilibrer le mieux possible l'offre et la demande. Elles s'enquirent de l'état des débouchés et des ventes, des cours, des produits bruts et des produits ouvrés, afin de tâcher de se rendre compte des profits et de juger en connaissance de cause si les ouvriers étaient partagés convenablement, et si les réductions de salaires qui venaient à leur être notifiées étaient fondées sur des motifs légitimes. Une autre œuvre non moins utile consista à s'enquérir des endroits où la demande de travail était faible et de ceux où elle abondait, des pays où les ouvriers pouvaient trouver avantage à se transporter. Au moyen de registres de renseignements et de correspondances, les associations procurèrent de l'occupation à ceux de leurs membres qui en manquaient. Certaines d'entre elles firent davantage ; elles insérèrent dans leur budget un fonds destiné au payement des frais de déplacement ou d'émigration dans les pays d'outre-mer.

Des chefs d'industrie s'abouchèrent directement avec des chefs d'associations pour traiter avec eux comme des acheteurs avec des vendeurs de marchandises. On cite par exemple un entrepreneur de bâtiments du comté d'York septentrional qui, ne trouvant pas les ouvriers dont il avait besoin, les demanda au secrétaire de l'Association nationale des plâtriers et les reçut incontinent. Les entrepreneurs se procurèrent au moyen de ces arrangements l'avantage d'avoir à leur disposition, à un prix fait, les bras nécessaires pour toute la durée d'une saison ou d'une entreprise, sans crainte de démêlé, et de leur côté les ouvriers y trouvèrent une stabilité sur laquelle ils n'eussent pu compter autrement.

On vit une preuve des progrès que faisaient des asso-

ciations dans l'intelligence des affaires et des idées nouvelles qui les élevaient au-dessus des étroits préjugés de
caste, lorsque la crise commerciale de 1867 amena les
filateurs de Stockport à réduire de concert le prix de la
main-d'œuvre. « Les guerres, les crises financières,
leur dit l'association des fileurs, ont paralysé nos exportations ; ce serait le moment, non d'augmenter la production et de chercher en vain par un abaissement des
salaires à rouvrir un marché fermé par encombre-
ment, mais au contraire le moment de réduire la production. Mettez plutôt les ateliers à la demi-journée. »
Cette observation manquait-elle de justesse ? Les fabricants n'en firent point de cas. Les ouvriers se mirent
en grève et finirent par l'emporter. Il leur en coûta
4000 livres sterling (100,000 francs) que les fabricants
leur firent perdre en perdant eux-mêmes davantage.

Il y eut des associations qui entrèrent volontiers dans
la voie de la conciliation. En 1864, des entrepreneurs et
des ouvriers appartenant à des industries du bâtiment
convinrent de nommer de part et d'autre six fondés de
pouvoir qui dresseraient un tarif de salaires obligatoire
pour une année. Après que cet acte eut été dressé, les
douze fondés de pouvoir furent investis, aussi pour
un an, du pouvoir de vider tous les différends quis'élève-
raient entre les parties. Leurs décisions s'appuyant sur
l'engagement pris d'avance de s'y conformer, se trouvèrent avoir force de loi selon la jurisprudence anglaise,
et afin que nul ne s'y refusât, il fut stipulé qu'en cas
de résistance, il serait présenté requête aux magistrats

du comté pour qu'ils rendissent les décisions exécutoires. Les entrepreneurs et les ouvriers restèrent libres, soit de se séparer, soit de faire entre eux, sur tous autres points que le tarif ou dans la limite des prix fixés, telles conventions qu'il leur conviendrait. L'année expirée, les pouvoirs du conseil durent être renouvelés, et alors le tarif des salaires étant remis en discussion, chacun eut la faculté d'accepter ou de refuser.

Un autre système de conciliation prit naissance à Nottingham, grâce à l'inspiration et aux soins de M. Mundella. Les passions du temps des Luddites ne s'étaient pas complètement éteintes; des grèves éclataient fréquemment dans la bonneterie. « Lorsque les affaires allaient mal, dit M. Mundella devant la commission d'enquête de 1867 (1), le manufacturier pesait sur l'ouvrier pour abaisser les salaires autant qu'il était possible. Moins il avait de conscience, plus il les abaissait par cette pression, et quand arrivait le moment où ils auraient pu être haussés, quand les affaires allaient mieux, alors, quoique la nature même des choses, c'est-à-dire la demande de travail, les fît parfois un peu monter, les maîtres s'y opposaient de toutes leurs forces. Les ouvriers envoyaient chez eux des députés des associations. Tantôt on les mettait à la porte, on ne voulait pas reconnaître les associations; tantôt on leur répondait : Nous verrons ce que feront nos voisins. Après avoir fait le tour des maisons des maîtres et avoir

(1) Voy. page 89.

été partout reçus de la sorte, les ouvriers s'en retournaient chez eux irrités et généralement se mettaient en grève. Ils avaient peut-être demandé plus que le taux naturel, plus que l'état du commerce ne les y autorisait. Quoi qu'il en fût, c'était entre le manufacturier et l'ouvrier à qui affamerait l'autre, jusqu'à ce qu'on fît une transaction. »

En 1860 les affaires allaient mal; des bonnetiers étaient en grève depuis onze semaines et les fabricants menaçaient de fermer tous les ateliers, lorsque M. Mundella, assisté de deux autres fabricants, proposa aux chefs des associations d'établir un conseil arbitral composé de dix fabricants et de dix ouvriers. Cette proposition fut acceptée par les ouvriers et par la moitié des fabricants. Les premiers trouvèrent dans l'organisation des associations un mécanisme tout prêt pour faire leur élection; ce furent les membres les plus actifs des comités de direction que les suffrages désignèrent, et bientôt les fabricants reconnurent qu'ils n'auraient pu trouver des intermédiaires plus sensés et plus modérés entre eux et des ouvriers aussi mal disposés à leur égard. Le conseil fut chargé seulement de tarifer les prix de la main-d'œuvre à la tâche. Il fut convenu que le tarif demeurerait obligatoire tant qu'il serait en rapport avec l'état du marché, et que lorsque l'une des parties jugerait nécessaire de le modifier, elle devrait en adresser la demande au conseil un mois à l'avance. On vit plus d'une fois les délégués des ouvriers renoncer à une augmentation de salaires après que les délégués des fabricants leur eurent démontré, chiffres à la main, qu'ils ne pouvaient y consentir sans perdre leurs débouchés. Quoique les décisions du conseil ne pussent être contestées devant les tribunaux, elles furent respectées. Les délégués des ouvriers étant des chefs d'associations, aucun secours n'eût été accordé aux ouvriers qui eussent voulu résister. Les adhésions ne tardèrent pas à arriver du côté des fabricants; il ne resta que trois dissidents, qui ne furent pas moins obligés de se soumettre aux décisions du conseil; car s'ils eussent voulu payer la main-d'œuvre au-dessous du tarif, les ouvriers qui les auraient quittés auraient trouvé de l'ouvrage dans les autres fabriques.

Les ouvriers en dentelles de la même ville demandèrent en 1868 la formation d'un conseil semblable à ceux qui existaient ailleurs pour des industries du bâtiment. Les fabricants donnèrent leur consentement. Voici comment le conseil fut organisé : Statuts : 1. Un conseil d'arbitrage et de conciliation est établi à Nottingham pour la fabrication des dentelles. 2. Les fonctions de ce conseil consistent à juger les différends qui lui sont soumis par consentement des patrons et des ouvriers, et à s'efforcer d'y mettre fin par la voie de la conciliation. 3. Le conseil se compose de huit fabricants et de huit ouvriers. Les membres sont élus de part et d'autre par les fabricants et par les ouvriers en assemblées respectives. Ils sont élus pour un an et rééligibles. 4. Les décisions du conseil sont obligatoires pour les deux parties. 5. Un comité composé de deux fabricants et de deux ouvriers est chargé d'entendre préalablement les parties et il doit tâcher de les concilier. S'il n'y parvient pas, il doit déférer les différends au conseil (lmitation des deux bureaux des conseils de prud'hommes de France). 6. Le conseil élit un président, un vice-président, un arbitre et deux secrétaires. 7. En cas de partage des voix, l'arbitre prononce, et sa décision est sans appel. 8. Si les patrons et les ouvriers ne se trouvent pas en nombre égal à une réunion, ceux qui sont présents ont voix consultative ; la décision ne peut être prise que par un nombre égal de délégués de part et d'autre. 9. Les patrons et les ouvriers contribuent aux dépenses du conseil par portions égales.

Il s'est établi aussi dans la fabrication du fer un système d'échelles mobiles au moyen duquel le salaire des puddleurs, des marteleurs et des lamineurs se règle à tant par tonne de fer puddlé, martelé ou laminé, suivant le prix de vente. Les ouvriers ont droit à tant p. 100 pour tout accroissement de ce prix, et lorsqu'une baisse arrive, leur rétribution doit se réduire dans la même proportion. Ces tarifs ont l'inconvénient d'être sujets à des difficultés d'interprétation ; ils sont dérangés par les perfectionnements qui arrivent dans la fabrication ; il est plus aisé d'élever le taux des salaires que de le réduire proportionnellement à des baisses considérables dans le prix de vente.

VII

Principales coalitions de 1824 à 1866.

Les démêlés les plus remarquables eurent lieu dans des industries du bâtiment, dans la filature, l'exploitation des houillères, les forges, la construction des machines et des navires en fer. Les particularités que présentèrent les industries du bâtiment sont indiquées ci-dessus aux pages 48, 50, 57 et 63. Quant à la filature, Faucher a donné dans ses études sur l'Angleterre une série de grèves ayant toutes pour but une augmentation de salaires, occasionnant toutes des dommages et des misères, se terminant toutes par l'entière défaite des ouvriers; il en a fait lourdement une sorte de réquisitoire où coalitions, grèves, associations, sont dénoncées à l'animadversion publique comme des attentats contre la société. On possède un morceau plus sensé et plus fin de composition et de style ; c'est la description qu'a faite M. Ollivier de la deuxième grève de Preston en 1853 (1) :

« Les ouvriers fileurs se coalisèrent afin d'obtenir une

(1) Voy. Rapport au corps législatif sur le projet de loi de 1864. *Journal officiel* du 1er avril.

augmentation de 10 pour cent ; trente-deux patrons accédèrent à cette demande ; quatre seulement résistèrent. Pour les vaincre, les ouvriers eurent recours à des moyens de pression tels que les manufacturiers qui avaient cédé, comprirent que la cause de leurs quatre confrères devenait la leur; ils retirèrent leurs concessions, et, opposant à la coalition partielle des ouvriers une coalition générale, ils fermèrent leurs ateliers, et vingt-cinq mille individus se trouvèrent sans travail...... Les ouvriers, guidés par un chef intelligent, nommé Georges Cowell, employèrent toutes les ressources des luttes légales ; les *meetings* succédaient aux *meetings*; des délégués ardents circulaient dans le pays ; on les voyait dans les voitures publiques, à la porte des ateliers ou des boutiques, dans les foires, dans les réunions, la main tendue, les récits enflammés à la bouche. Sur les murs des villes les affiches les plus émouvantes arrêtaient les indifférents. « Un mois s'est écoulé, disait l'une d'elles, depuis que trente mille ouvriers sont sans ouvrage et réduits à vivre de la charité publique. Depuis ce temps les pleurs versés par la veuve aux pieds de l'oppresseur, ont été recueillis dans le vase de la justice de Dieu. Les cris de l'orphelin affamé sont montés aussi haut que ceux des Juifs esclaves en Égypte. Pour ces veuves, pour ces orphelins nous implorons votre pitié. » La poésie venait en aide à l'éloquence, et les larmes coulaient de tous les yeux lorsqu'on chantait la complainte de la mère qui a perdu sa fille : « Venez et consolez-moi dans ma douleur. Je reste à gémir seule sur cette terre. Mon enfant chérie m'est ravie, et je dois maintenant pleurer à jamais. Elle était pour moi tout ce que je pouvais souhaiter. Si elle m'avait été conservée, j'aurais été heureuse ; mais, hélas ! elle est morte martyre de la cause du *dix pour cent*. » Tout fut inutile. Quand ils travaillaient, les ouvriers touchaient par semaine 12 000 à 13 000 livres sterling ; les cotisations, les quêtes, les secours extérieurs, ne dépassèrent jamais 4000 livres sterling par semaine. Les épargnes s'épuisèrent ; il fallut vendre les vêtements, les meubles ; la faim arriva avec son hideux cortège. Alors commença le découragement, la défiance : les chefs furent d'abord moins obéis, puis ce fut contre eux et non contre les patrons que la poésie populaire dirigea ses traits : « Cowel n'a pas la pensée de reprendre jamais son travail, soit avec le fuseau ou la navette, soit avec la pioche ou la bêche. Il appartient aujourd'hui à une bande d'hommes qui savent bien que la meilleure besogne est celle de l'orateur. Cowel a une langue dangereuse ; il nous a dit que nous aurions de beaux salaires ; mais Cowel nous a longtemps trompés ; car cette lutte sans espérance ne finit pas. Nous mourons de faim ; mais qu'importe à nos délégués ? Réunis autour d'une table bien garnie, chaque jour ils deviennent plus gras et nous devenons plus maigres. » Enfin un jour parut sur les murs de la ville une affiche signée par les directeurs de la coalition qui disait : « Nous engageons les ouvriers à reprendre leur travail jusqu'à une occasion plus favorable. » Les patrons

avaient perdu approximativement 165,000 livres sterling (4,125,000 francs), et les ouvriers certainement
250,000 livres sterling (6,250,000 francs). Et quelques
jours après, on lisait les lignes suivantes dans un journal de Preston : « Les résultats de la terrible catastrophe
que nous venons de traverser dépassent les plus sinistres prévisions. Nos rues sont encombrées de malheureux qui demandent vainement du travail ; leur place
est prise par des ouvriers étrangers ou de nouvelles
machines suppléent au défaut de bras. D'ici à longtemps ils sont condamnés à rester sans occupation. Des
milliers de familles ont enduré les plus sévères privations ; elles ont contracté des dettes qu'une génération
ne parviendra pas à éteindre. »

Les grévistes ne commirent aucun acte de violence.
Après la formation d'une fédération et à mesure que
l'organisation du travail s'améliora, les coalitions devinrent de moins en moins fréquentes. L'esprit d'hostilité qui avait animé les ouvriers contre les fabricants
fit place à des sentiment d'équité et même de confiance
qui se manifestèrent dans la grande crise du coton
en 1862.

Les réformes qu'obtinrent les mineurs des houillères
sont indiquées ci-dessus aux pages 57 et 58. Quant aux
salaires, les grèves furent fréquentes jusqu'à la formation de l'association nationale en 1862. On en compta
douze dans le comté de Durham en 1855. Il y en eut
aussi en Écosse ; une d'entre elles qui commença
en 1856 dans le Lanarkshire, ne dura pas moins de

treize mois, et elle se termina à l'avantage des propriétaires de mines. En 1858, les mineurs du district de
Leeds se liguèrent pour soutenir une grève qui avait
éclaté dans une houillère, et tous les chefs d'exploitation
ligués à leur tour suspendirent le travail. Au bout de
deux mois les parties finirent par où elles eussent dû
commencer, elles transigèrent; les chefs d'exploitation
avaient voulu réduire les salaires de 15 pour cent;
les mineurs avaient voulu les maintenir; il fut convenu
de les diminuer de sept et demi pour cent.

En 1862, l'Association nationale se constitua; elle
mit à sa tête Macdonald, un héros du travail, aussi
probe que sagace et actif (1). Les affaires furent alors
conduites d'une main prudente et ferme. En 1864 le
comité de direction déconseilla une grève que les
mineurs d'Oaks et de Thorncliffe, dans le sud du
Yorkshire, voulaient entreprendre, et comme ils persistaient, le comité leur signifia qu'ils ne recevraient point
de secours. Les chefs d'exploitation de ce district, au
lieu de montrer un même esprit de sagesse, se coalisèrent tous ensemble et fermèrent les houillères; trois
mille ouvriers, affiliés ou non à l'Association, se trouvèrent privés de leur gagne-pain. Alors le comité protesta
contre cette mesure; la guerre fut déclarée, et elle
dura pendant dix-neuf semaines, au bout desquelles les
propriétaires des houillères d'Oaks et de Thorncliffe
furent abandonnés par leurs confrères. L'année sui-

______

(1) On trouvera son histoire dans le livre des *Associations
ouvrières en Angleterre*, par M. le comte de Paris, page 155.

vante le comité eut encore le dessus dans un nouveau démêlé : il demanda une augmentation de 10 pour cent dans les salaires en se fondant sur la hausse du prix des charbons, et non seulement plusieurs chefs d'exploitations y consentirent, mais ils se liguèrent en outre avec l'Association pour obliger les autres à faire la même concession. La *restriction* fut appliquée à ceux qui résistèrent ; en d'autres termes, leurs ouvriers réduisirent l'extraction à raison de 3 shillings (3 fr. 75) par jour. Le propriétaire de la mine de Thorncliffe congédia ses ouvriers ; mais ceux des autres chefs d'exploitation qui s'étaient alliés avec l'Association, lui vinrent en aide par des souscriptions, de sorte qu'après avoir dépensé 500 livres sterling (125 000 francs), elle finit par obtenir l'augmentation des salaires et le payement par quinzaine.

Une affaire assez curieuse est racontée dans le livre de M. le comte de Paris (1). En 1864, sept à huit mille ouvriers mineurs employés dans cinq houillères voisines de Chesterfield dans le Derbyshire, se réunissent pour délibérer sur la formation d'une association. Aussitôt le directeur d'une de ces houillères, nommé Markham, signifie à ses trois mille ouvriers que tous ceux d'entre eux qui prendront part à ce projet seront congédiés. La plupart le quittent ; peu à peu d'autres cessent aussi de travailler. Néanmoins M. Markham ne se tient pas pour battu. « Opposant les *meetings* aux

(1) P. 177.

meetings, les discours aux discours, il parvient à organiser parmi les ouvriers un parti opposant qui se
recrute d'autant plus facilement parmi les moins résolus
que la grève s'étendant à tout le district, ceux qui y ont
pris part ne reçoivent aucun secours et sont réduits à
la dernière misère. L'occasion s'offre de porter un
coup décisif. Les adversaires de l'Association reçoivent
en présent de M. Markham de la viande et de la bière.
Ils organisent un repas et y convient les ouvriers du
voisinage qui restaient fidèles à l'Association. Ceux-ci,
au nombre de trois à quatre cents, s'empressent de
venir prendre leur part du banquet et retournent au
travail dès le lendemain matin. » M. Markham finit
par reprendre l'exploitation de la mine avec quinze
cents ouvriers.

Les houillères situées entre les petites villes de
Wigan et de Saint-Helen's furent troublées en 1868
par un démêlé qui tourna en émeute. Le prix de la
houille ayant baissé, les chefs d'exploitation jugèrent
absolument nécessaire de réduire les salaires de 15
pour cent. Cette fois encore les chefs de l'Association
nationale donnèrent une preuve de leur clairvoyance
en conseillant aux ouvriers d'accepter la réduction. On
ne les écouta pas ; les associations locales de Wigan et
de Saint-Helen's ne voulurent pas même entendre
parler d'une transaction. La violence et l'intimidation
furent mises en œuvre ; les ouvriers qui n'avaient pas
voulu cesser de travailler eurent à subir des molesta-
tions de toutes sortes. Les grévistes, au nombre de

quinze cents, s'emparèrent des houillères de Wigan et ils en eussent détruit toutes les machines sans l'intervention de la troupe de ligne. Finalement ils durent rentrer dans l'ordre et reprendre leur travail avec la réduction de 15 pour cent.

Dans la fabrication du fer les entreprises passaient par des vicissitudes de hausse et de baisse qui ne pouvaient manquer d'amener des querelles. En 1863 les ouvriers du Staffordshire obtinrent une augmentation de salaires à la faveur de l'activité qu'avait prise la production à cette époque ; puis dès le milieu de l'année suivante, les ventes déclinèrent et les maîtres de forges se décidèrent de concert à opérer une réduction que les puddleurs repoussèrent malgré les représentations des comités de direction de leurs associations. Les maîtres de forges du centre et du nord de l'Angleterre firent cause commune avec ceux du Staffordshire ; tous les fours à puddler s'éteignirent à la fois, de sorte qu'une multitude d'ouvriers étrangers à cette grève tombèrent dans la misère. Les grévistes firent appel à des souscriptions publiques ; ils ne recueillirent que très peu d'argent ; après de vains efforts, il leur fallut céder. Cette malheureuse lutte priva les ouvriers de 8 millions de salaires ; les maîtres de forges n'y perdirent pas moins ; pendant longtemps les uns et les autres en ressentirent les conséquences fâcheuses.

On ne rencontre qu'une grève notable dans la construction des machines. Elle eut lieu en 1851 ; or pour la comprendre il est nécessaire de connaître quelques circonstances qui sont nettement exposées dans le livre de M. le comte de Paris; ce que nous avons de mieux à faire est d'en emprunter encore ce passage (1) :

« Les ouvriers employés dans les ateliers de construction de machines se divisent, comme les autres, en artisans, pour prendre le terme anglais qui désigne les hommes expérimentés dans leur profession, et en journaliers qui sont censés ne pouvoir faire que les travaux de force. Les premiers, obligés à cinq ans d'apprentissage, tiennent beaucoup, comme ceux de l'industrie des bâtiments, au maintien de cet usage asservissant. Ils voient dans le monopole qu'il leur assure une garantie contre l'accroissement de leur nombre et l'abaissement de leurs salaires, et un droit acquis, une sorte de propriété, qu'ils ne veulent pas, disent-ils, partager avec des intrus.

« L'introduction des machines automates a laissé néanmoins aux artisans exercés un certain nombre de travaux pour lesquels leur adresse est indispensable. Les ouvrages, comme la surveillance des machines, dont la production ne peut varier, se payent à la journée. Ailleurs les ouvriers sont à la tâche. Enfin, de même que dans les constructions navales, il arrive souvent qu'un travail considérable, comme le montage d'une locomotive, est pris à l'entreprise par un seul homme, qui s'adjoint ensuite des travailleurs payés à la journée; mais dans ce cas l'Association exige que ces

(1) P. 210.

derniers soient tous admis à partager les bénéfices proportionnellement à leurs salaires. Cependant elle n'est
pas en général favorable au payement à la tâche ; elle
craint qu'il n'en résulte entre les ouvriers une concur-
rance funeste au taux des salaires..... »

Avant 1851, les mécaniciens possédaient des associations locales, indépendantes les unes des autres,
qui se fondirent en une seule sous le nom d'Association des mécaniciens unis. Peu de mois après, une
grève éclata à Londres dans l'établissement de MM. Hibbert et Platt. Les mécaniciens demandèrent : 1° que
les ouvrages de leur profession cessassent de se payer
à la tâche ; 2° que les heures supplémentaires se payas-
sent le double ; 3° que le maniement des nouvelles
machines fût réservé exclusivement aux artisans et
aux apprentis dûment engagés par contrat. MM. Hibbert et Platt refusèrent et demandèrent l'appui de
leurs confrères. Ceux-ci congédièrent aussitôt tous
leurs mécaniciens, en déclarant qu'ils ne les repren-
draient que lorsque ceux de MM. Hibbert et Platt
auraient retiré leur demande ; ils exigèrent d'eux en
outre une renonciation formelle à l'Association. Trois
mille mécaniciens se trouvèrent sans travail, et leur
chômage entraîna celui d'un nombre de journaliers
double ou triple. Les premiers furent soutenus par les
fonds de leur Association, qui comptait dans le reste
de l'Angleterre plus de neuf mille membres occupés,
et les seconds furent charitablement aidés par de
fréquents secours puisés dans la même caisse. Au bout

de trois mois, un million se trouva dépensé; il fallut prendre un parti. Un certain nombre de mécaniciens allèrent fonder un établissement à Sydney en Australie. Les autres firent leur soumission; mais l'Association se releva bientôt; des cotisations extraordinaires rétablirent ses finances; les ouvriers qui l'avaient quittée, y rentrèrent sans que les chefs d'établissements y missent opposition; peu d'années après son échec, elle était plus forte que jamais. Elle devint aussi beaucoup plus circonspecte.

L'année 1851 fut marquée par une autre grève non moins désastreuse dans les constructions navales. Les menuisiers demandèrent des modifications dans l'organisation du travail. Les chefs de chantiers refusèrent et se coalisèrent pour résister; ce qui leur fut d'autant plus facile que les associations étaient encore peu puissantes. La grève cependant s'étendit rapidement à tout le royaume. Les ouvriers supportèrent de cruelles privations avec un courage et une patience auxquels un des patrons, M. Samuda, se plut à rendre justice dans l'enquête de 1867; mais au bout de quatre mois ils se trouvèrent à bout de ressources et réduits à se désister de leurs demandes.

Il ne reste à noter qu'un démêlé qui s'éleva dans la verrerie en 1858. L'Association formée entre les ouvriers depuis 1849 adressa à deux maîtres de verreries de Birmingham une demande tendant à ce que le nombre des apprentis fût limité partout à un chiffre uniforme. Les établissements étaient peu nombreux et dès que la vente baissait dans un ou deux, les ouvriers congédiés ne pouvaient se replacer ailleurs; de là provenait cette demande. Les deux maîtres verriers refusèrent; il s'ensuivit une grève; au bout de trois mois, tous les maîtres se coalisèrent et les verreries furent fermées pendant trois autres mois. Alors arriva une transaction. L'association avait demandé que le nombre des apprentis fût réduit à raison d'un pour douze ouvriers; les maîtres proposèrent d'établir en principe qu'il n'y aurait jamais plus d'un apprenti pour huit ouvriers; ce qui fut accepté et conclu.

VIII

Les rapports entre les chefs d'industrie et les associations ouvrières s'améliorèrent lorsque celles-ci eurent pour les diriger des hommes éclairés et raisonnables; les grèves et les violences devinrent plus rares; les différends se vidèrent plus souvent par des transactions ou des arbitrages. Malheureusement il existait çà et là de petites associations locales, composées d'hommes grossiers, bornés, chez qui l'esprit de monopole allait jusqu'à la scélératesse. Telles étaient les associations de couteliers et de taillandiers de Sheffield. Les ouvriers qui voulurent rester à l'écart furent considérés comme des traîtres contre lesquels tout acte de vengeance était légitime. En 1854 commença une série d'attentats dont les auteurs restèrent inconnus : il y eut deux hommes tués, d'autres blessés ou mutilés de guet-apens. Le 8 octobre 1866, une boîte de poudre fut déposée avec une mèche allumée dans la cave d'un ouvrier nommé Fearnough, qui s'était retiré de l'association des repasseurs de scies; l'explosion qui s'ensuivit ébranla la maison; les habitants n'échappèrent que par miracle. Comme tous les attentats étaient dirigés contre des hommes avec lesquels les associations avaient eu des démêlés, la voix publique les en accusa hautement. Toutes s'en défendirent avec indignation et demandèrent au gouvernement de faire procéder à une enquête. L'Association à laquelle Fearnough avait appartenu, se distingua par l'empressement qu'elle manifesta pour aider la justice à découvrir le coupable, et son secrétaire, nommé Broadhead, se mit à la tête d'une souscription destinée à augmenter la récompense promise au dénonciateur.

Pour satisfaire à cette demande autant qu'à la clameur publique, le Parlement autorisa le ministre de l'intérieur à former une commission à laquelle furent conférés les pouvoirs d'une cour de justice. Or, d'après la procédure criminelle de l'Angleterre, un témoin appelé à déposer sous serment ne peut, s'il s'accuse lui-même d'être l'auteur du méfait déféré au tribunal, être condamné sur son propre aveu. Ce fut au moyen de ce principe de droit que la lumière se fit. La commission appela devant elle les hommes que lui désignèrent les soupçons de l'opinion publique et à mesure que les coupables furent interrogés, ils révélèrent les crimes qu'ils avaient commis. Il ne fut pas aussi facile de les amener à faire connaître leurs complices; mais il arriva des dépositions qui les déconcertèrent et ils finirent par faire une confession complète.

Broadhead, qui avait montré plus d'indignation que personne, avoua, à la stupéfaction générale, qu'il avait fait commettre jusqu'à neuf crimes par des membres de son Association. Ses séides étaient payés sur les fonds de cotisation à raison de 4 à 20 livres sterling selon la gravité du fait. Il fut reconnu encore qu'outre deux meurtres, une quinzaine de voies de fait et de tentatives d'explosion avaient été commises à l'instigation d'employés de deux autres associations.

Une seconde commission fut chargée de remplir le même office à Manchester. Là les méfaits provenaient de la résistance que les fabricants de briques avaient opposée plusieurs fois aux exigences de l'Association des ouvriers briquetiers; celle-ci avait tenté d'en triompher par des moyens d'intimidation dirigés contre les propriétés plutôt que contre les personnes : des chevaux avaient été égorgés, des vaches empoisonnées, des meules de foin incendiées, des briqueteries détruites. C'était dans des combats nocturnes auxquels ces méfaits avaient donné lieu, qu'un homme avait été tué et d'autres maltraités.

Vers la même époque, un autre incident appela encore l'attention des pouvoirs publics. Le trésorier de l'Association des cloutiers de Bradford détourna les fonds qui lui étaient confiés. Traduit devant le tribunal de cette ville, il fut absous par le motif que les associations n'étaient pas reconnues par la loi comme personnes civiles, et ce jugement fut confirmé par la cour du banc de la reine. Il en résultait d'autres conséquences fâcheuses : les associations ne pouvaient faire avec des tiers des conventions qui formassent entre eux un lien de droit, en sorte que les agents qu'elles employaient ne pouvaient poursuivre contre elles le payement de leurs services, et qu'elles-mêmes n'avaient pas action contre les banquiers chez qui elles déposaient des fonds.

Cet inconvénient se compliqua d'un dissentiment qui s'éleva entre les juges de la cour du banc de la reine sur l'application de la loi de *conspiracy*. Un de ces magistrats se sépara des autres en donnant les motifs que voici : » Sans contredit, le but des associations ouvrières est de soutenir les grèves plus longtemps et d'aider les grévistes à parvenir à leurs fins ; mais que ce dessein entrave l'industrie et soit contraire à l'intérêt public, selon l'application qui a été faite de la loi de *conspiracy*, c'est ce que je ne saurais admettre comme base d'un jugement. Quand on dit qu'une chose est contraire à l'intérêt public, on veut dire, à mon sens, qu'elle est incompatible avec le bonheur de la société entière. Or, je vois bien que la prolongation des grèves peut être contraire à l'intérêt des chefs d'industrie, parce que ceux-ci peuvent être contraints par là de céder à leurs ouvriers une large part de leurs profits ou d'autres avantages; mais il ne m'est pas possible de décider juridiquement que c'est une chose contraire à l'intérêt de la société entière, et je pense qu'en décidant qu'elle l'est, qu'en conséquence tout acte ayant ce but est illégal, nous ne baserions pas notre jugement sur un principe légal reconnu. » Raisonnement plein de justesse qui eût empêché beaucoup de mal s'il fût venu plus tôt à l'esprit des juges.

Les tribunaux ne s'accordaient pas non plus sur l'interprétation de certains termes employés dans la loi de 1825, la menace et la molestation. Ces divers incidents firent reconnaître la nécessité de s'occuper de nouveau des coalitions et des associations d'ouvriers. Le gouvernement forma une commission d'enquête composée d'hommes appartenant aux opinions les plus diverses, afin de provoquer une discussion complète et approfondie qui eut lieu en effet, et un jour nouveau se répandit sur la question entière.

IX

A l'appel de la Commission d'enquête répondirent des déposants de toutes conditions, chefs d'industrie, conducteurs de travaux, délégués d'associations ouvrières et ouvriers. Les associations trouvèrent des auxiliaires parmi les chefs d'industrie avec lesquels elles avaient su vivre en bonne intelligence. De leur côté, les chefs d'industrie dont les associations avaient encouru l'hostilité, recrutèrent et présentèrent comme d'utiles alliés des ouvriers qui avaient contre elles des sujets d'animadversion. Leurs adversaires les accusèrent de porter le trouble dans l'industrie, de rendre les grèves plus fréquentes et plus longues, de ruiner des entreprises au profit de l'étranger, d'exercer une tyrannie sur les chefs d'industrie, sur les ouvriers indépendants et sur les membres mêmes des associations. On leur opposa en détail toutes les règles arbitraires et vexatoires qui se trouvaient dans leurs statuts : elles entravaient l'instruction professionnelle, elles abaissaient la production à un niveau commun de médiocrité, elles étouffaient chez leurs membres la liberté de pensée et d'action, elles éteignaient leur énergie par un joug dégradant. Des chefs d'industrie se plaçant à un autre point de vue, déclarèrent qu'à leur avis, les associations se donnaient une peine inutile en s'efforçant de procurer aux ouvriers des avantages qui arriveraient tout naturellement sans elles. D'autres déposèrent en leur faveur; les associations, dirent-ils, tout en défendant leur cause, rendent de bons offices aux chefs d'industrie; en mainte occasion, elles ont contribué, et elles contribuent de plus en plus, à faire prévaloir le bon accord sur les conflits d'intérêts.

Parmi les délégués des associations, les uns ne plaidèrent leur cause qu'en attaquant vivement les chefs d'industrie; les autres, plus habiles et parlant de sang-froid, s'appliquèrent à démontrer qu'une grande partie des embarras, des revers et des pertes que des chefs d'industrie reprochaient aux associations de leur avoir causés, ne provenait pas du fait de ces dernières. Dans des districts où il n'y avait pas eu d'associations, des coalitions et des grèves n'en avaient pas moins surgi comme dans ceux où on les accusait d'en avoir fomenté. Les règles incriminées n'existaient que dans certaines villes et dans quelques métiers seulement. Si les ouvriers étrangers aux associations étaient traités par les affiliés avec défaveur dans les ateliers où ces derniers se trouvaient en majorité, c'était parce que les autres profitaient des efforts et des sacrifices des associations sans participer à leurs charges. Il suffisait de regarder les membres des associations pendant qu'ils étaient à l'œuvre, pour voir s'ils avaient moins d'énergie au travail et moins d'habileté que les autres; quant à la fermeté d'âme, n'en faisaient-ils pas assez preuve par les luttes qu'ils soutenaient et les misères qu'ils supportaient pour la défense de leur cause? Les associations ouvrières ne pouvaient pas plus que toute autre subsister sans une forte discipline. Elles n'étaient pas cause des revers que des industries avaient essuyés. La décroissance de la fabrication du fer qu'on imputait à leurs exigences, provenait de la cessation des constructions de chemin de fer et de la crise financière de 1865. Si les chantiers maritimes de la Tamise avaient décliné, le prix du travail n'en était pas la seule cause; presque tous les chefs d'établissements s'étaient compromis, comme tant d'autres, dans les spéculations effrénées qui avaient entraîné la ruine de la banque Overend et Gurney. Il fallait, en outre, tenir compte des immenses progrès que la construction des navires en fer avait faits à l'étranger.

Il est de fait qu'en examinant les mouvements du commerce extérieur dans les documents officiels, on n'aperçoit guère de traces du déclin que les associations étaient accusées d'avoir causé. Voici les chiffres, en valeurs déclarées, des exportations de produits nationaux de premier ordre de 1849 à 1867, époque où l'enquête eut lieu :

	1849	1867
Houille.............	1,087,122 liv. st.	5,400,353 liv. st.
Machines....,....	700,031 »	4,963,912 »
Quincaillerie......) et coutellerie....)	2,201,315 »	3,933,744 »
Fils de coton......	6,704,089 »	14,870,562 »
Tissus de coton ...	18,794,964 »	55,973,130 »
Tissus de laine....	7,056,207 »	12,149,260 »
Fils et tissus de lin.	3,493,829 »	9,926,790 »

Pendant cet intervalle de temps, il y avait eu des crises commerciales, des disettes, la crise du coton en 1862, et le progrès n'en avait pas moins continué. Les consommations aussi s'étaient accrues dans une proportion considérable. Si les chefs d'industrie rencontraient au dehors des concurrents de plus en plus nombreux, et contre lesquels la lutte devenait de plus en plus difficile, on devait en bonne justice, au lieu de s'en prendre absolument aux ouvriers, tenir compte aussi de l'effet naturel du progrès des arts industriels dans le monde. Les constructeurs de machines et de navires en fer comptaient-ils donc conserver à perpétuité leur monopole? S'il arrivait aux entreprises industrielles d'être dérangées par des coalitions d'ouvriers, les concurrences du dehors couraient le même risque à mesure qu'elles se développaient.

En définitive, les accusations accumulées contre les associations ne furent accompagnées d'aucune proposition ni vœu tendant à restreindre les limites imposées à leur liberté d'action par les lois en vigueur. La Commission donna le plus libre cours à toutes les dépositions ; elle écouta avec une égale attention tous les dires pour ou contre ; quant à la solution du débat, elle conseilla en termes généraux de mettre les parties intéressées sur un pied d'égalité complète ; et en effet c'était ce qu'on pouvait faire de plus sage.

Le Parlement commença par affranchir les coalitions de l'application de la loi de *conspiracy*, en déclarant désormais légaux tous les actes des associations qui avaient été jugés punissables en vertu de cette loi, et licites toutes les conventions relatives aux conditions du travail, ou à des cotisations, souscriptions ou amendes à payer à une association, ou à l'emploi des fonds d'une association, en subsides ou secours à ses membres, ou en allocations à des chefs d'établissement ou à des ouvriers qui agiraient conformément aux résolutions d'une association, ainsi que les conventions faites entre des associations (1). La même loi effaça l'incapacité civile dont les associations étaient frappées par la jurisprudence des tribunaux. Il fut permis désormais à toute association composée de sept membres au moins, d'acheter, prendre à loyer, vendre, échanger, hypothéquer ou donner à loyer tout bien foncier qui n'excéderait pas un acre (40,4671 ares), à condition de faire enregistrer ses statuts et sous la réserve

____

(1) Loi du 29 juin 1871.

qu'en cas d'acte illégal de la part d'une association, l'enregistrement serait nul. Il fut édicté que les trésoriers qui ne rendraient pas exactement leurs comptes, ou qui ne représenteraient pas à toute réquisition les fonds et valeurs dont ils seraient dépositaires, pourraient être poursuivis en justice ; que si un mandataire ou un membre d'une association, ou une autre personne la représentant ou prétendant la représenter, entrait en possession, par un moyen frauduleux, d'argent, valeurs ou autres effets lui appartenant, ou, les ayant en sa possession, les retenait volontairement ou les appliquait à d'autres objets que ceux déterminés dans les statuts de l'association, le tribunal qui serait saisi d'une plainte pourrait ordonner sommairement au mandataire ou autre individu mentionné ci-dessus de remettre à l'Association l'argent, les valeurs ou les autres effets, ou de rembourser la somme payée indûment, et à payer, si le tribunal le jugeait à propos, une amende de 20 livres sterling au maximum avec les frais jusqu'à concurrence de 20 shillings, à défaut de quoi le condamné pourrait être emprisonné avec ou sans travail forcé pendant le temps que le tribunal fixerait dans la limite de trois mois. Les associations enregistrées furent tenues de remettre tous les ans, avant le 1er juin, à l'enregistreur, un état indiquant la situation de leur actif et de leur passif, leurs recettes et leurs dépenses de l'année écoulée, et de faire connaître à la même époque les changements qui auraient été apportés à leurs statuts, sous peine d'une amende de 5 livres sterling (125 francs) au maximum pour chaque contravention.

A cette loi le Parlement en joignit une autre destinée à affranchir de toute pénalité les coalitions qui ne porteraient pas atteinte à la liberté de l'industrie ou du travail; mais plusieurs clauses de cette seconde loi présentèrent des difficultés d'interprétation qui rendirent nécessaire de la reviser, et il survint une grève d'une espèce nouvelle qui causa une vive émotion dans le public. En novembre 1872, les ouvriers employés dans plusieurs des usines à gaz de Londres abandonnèrent subitement leur travail sur l'ordre des chefs de l'Association à laquelle ils appartenaient, en donnant pour motif qu'un des leurs avait été congédié et remplacé par un homme qui n'en faisait pas partie. Cette grève pouvait, en privant la ville d'éclairage, non seulement occasionner une incommodité générale, mais encore causer de grandes pertes pécuniaires et favoriser le crime. Heureusement les directeurs des usines abandonnées parvinrent à recruter assez de remplaçants pour faire le service tant bien que mal pendant quelques jours; puis le travail reprit son cours. Le gouvernement pensa qu'un fait pareil pouvait avoir des conséquences trop graves pour être laissé au rang des coalitions et des ruptures d'engagement ordinaires, et il y pourvut dans un projet qui fut voté en 1875 (1).

(1) Loi du 13 août 1875.

En premier lieu il fut établi en principe général que tout acte concerté entre plusieurs individus relativement à un démêlé entre des chefs d'industrie et des ouvriers, ne pourrait être poursuivi comme une infraction à la loi de *conspiracy*, hors le cas où l'acte serait punissable s'il était commis par un seul individu, et la peine de l'emprisonnement fut limitée au maximum de trois mois. En second lieu, la loi pourvut en particulier au cas d'interruption dans la distribution de l'eau ou du gaz. Il fut édicté que si un individu employé par une autorité municipale, ou par une compagnie ou par un entrepreneur qui serait obligé par une loi ou autrement à fournir de l'eau ou du gaz à une agglomération d'habitants quelconque, venait à rompre volontairement un contrat de louage d'ouvrage fait avec cette autorité, cette compagnie ou cet entrepreneur, en sachant ou en ayant lieu de croire que cette rupture d'engagement faite, soit par lui seul, soit de concert avec d'autres individus, aurait pour effet de priver les habitants de la totalité ou d'une partie de leur approvisionnement d'eau ou de gaz, cet individu serait punissable d'une amende de 20 livres sterling (500 francs) au maximum ou d'un emprisonnement de trois mois au maximum, avec ou sans travail forcé. La même peine fut établie contre tout individu qui seul, ou de concert avec d'autres, romprait un contrat de louage d'ouvrage, sachant ou ayant lieu de croire que cette rupture aurait pour effet de mettre en danger la vie des gens, ou d'occa-

sionner des blessures graves, ou d'endommager des
propriétés mobilières ou immobilières. Quant aux ruptures de contrats de louage d'ouvrage, qui jusqu'alors
avaient pu donner lieu à des poursuites, soit civiles,
soit criminelles, à l'égard des ouvriers, et à des poursuites civiles seulement à l'égard des chefs d'industrie,
une autre loi rendue le même jour fit disparaître
cette inégalité de condition; tous les faits de ce genre
furent rangés, de quelque côté qu'ils provinssent,
parmi les causes civiles qui se résolvent, le cas échéant,
par des dommages-intérêts.

X

Le législateur avait fait tout ce que conseillaient la justice et la raison en effaçant l'application de la loi de *conspiracy* aux coalitions et en conférant aux associations une capacité civile. Les coalitions et les grèves n'en continuèrent pas moins, et le public ni le gouvernement ne s'en émurent comme en 1824 ; car on était revenu de l'idée que le législateur dût ou pût y mettre obstacle. Il eût semblé même que nombre d'ouvriers écoutaient moins que jamais la voix de la raison. En 1877, pendant que la stagnation du commerce causait aux manufacturiers de cruels embarras, les fileurs de Bolton refusèrent une réduction de 5 pour cent sur les salaires ; après avoir perdu inutilement, en salaires et en frais de chômage, 100,000 livres sterling (2,500,000 francs), et fait perdre aux chefs d'établissements deux ou trois fois davantage, ils furent heureux de rentrer dans les fabriques au prix qui leur avait été offert (1). Dans la métallurgie se produisit une pareille aberration suivie d'un pareil échec. Les menuisiers de Carlisle, à bout de ressources après une grève de six mois et demi, reprirent leur travail sur la simple promesse d'un demi-penny par heure pour le mois suivant. L'association des maçons de Londres, non contente des augmentations qu'elle avait obtenues successivement, exigea encore 10 pence par heure au lieu de 9, et plusieurs entrepreneurs furent contraints de céder; mais il avait fallu que l'association subvînt à l'entretien des ouvriers inoccupés, qu'elle écartât à prix d'argent les ouvriers que les entrepreneurs faisaient venir de l'Écosse, de l'Allemagne et du Canada. En définitive l'avantage qu'elle obtint compensa-t-il tous ces déboursés?

L'année suivante, des émeutes éclatèrent dans le Lancashire à l'occasion de réductions de salaires parfaitement justifiées. A Blackburn, les ouvriers fileurs, en furie, brisèrent les carreaux de vitre de toutes les fabriques, saccagèrent la maison d'un des fabricants, incendièrent celle d'un autre. Il fallut faire venir de la troupe pour les contenir. La ville de Burnley fut affligée de désordres semblables. En résultat, les ouvriers durent finir par accepter le prix qui leur était offert selon la situation du marché.

Liverpool eut son tour en 1879; les marins du com-

____

(1) La grève dura deux mois. Les filateurs refusèrent l'arbitrage.

merce et les ouvriers des docks, assistés du rebut de la population, portèrent le trouble dans les travaux du port. La troupe arriva, et quelques jours après, les grévistes reprenaient leur ouvrage à prix réduit.

Dans d'autres endroits, les querelles se terminèrent pacifiquement. Les ouvriers en machines de Londres, après s'être mis en grève, furent informés par le conseil général de leur Association qu'ils n'avaient pas à compter sur elle, et qu'ils devaient faire leur soumission ; ce qui arriva. Les ouvriers des chantiers de construction de navires de la Clyde, après avoir lutté contre les armateurs pendant six mois, finirent par consentir à se référer à un jugement arbitral. Lord Moncrieff, choisi à cet effet par les deux parties, décida que dans l'état des affaires il était impossible aux armateurs d'accorder une augmentation de salaires, et les ouvriers obéirent.

C'est le parti que ne cessèrent de recommander les présidents des congrès annuels des associations. Il ne faut, disaient-ils, recourir aux grèves que le plus rarement possible ; le recours à l'arbitrage est cent fois préférable ; et ils exprimaient l'espoir que la décision des arbitres serait scrupuleusement observée de part et d'autre. L'Association nationale des mineurs prescrivit dans ses statuts l'emploi de l'arbitrage ; les serruriers mécaniciens du Staffordshire s'y rallièrent à leur tour. Malheureusement il est difficile de faire passer dans la pratique ce moyen de vider les différends ; les chefs d'industrie ne s'y prêtent pas toujours de bon gré, et souvent les ouvriers n'y consentent qu'après avoir fait grève inutilement.

L'idée est venue, comme en France, de faire cesser les démêlés, soit en confondant ensemble le capital et le travail dans des sociétés coopératives de production, soit en formant entre eux une alliance par la participation des ouvriers aux bénéfices des entreprises. Ces deux systèmes ont donné des résultats plus instructifs que propres à en favoriser le développement. Il s'est formé une douzaine de sociétés ouvrières de production, dont quatre seulement se sont conformées au type de la coopération pure (1). Les sociétaires y ont rempli tous le double rôle d'ouvriers et d'actionnaires, tous également responsables et se partageant les bénéfices au prorata de leur coopération ; mais leurs affaires ont pris très peu d'extension, attendu que s'ils eussent voulu leur donner un plus grand essor, il leur eût fallu dévier de leur principe et de leur forme originelle, comme le montre l'histoire de la Société dite des Équitables Pionniers de Rochdale, dont il a été tant parlé en France et souvent parlé de travers.

Il y a cinquante ans, quelques ouvriers fileurs eurent la hardiesse d'établir une petite filature au moyen du peu de fonds que possédait une partie d'entre eux. Ils convinrent de faire sur les bénéfices un prélèvement de cinq pour cent qui serait ajouté au capital social, et

(1) Une Société de dix tailleurs à Manchester, une autre de neuf charpentiers dans la même ville, une troisième de neuf ouvriers du bâtiment à Deptford et une semblable à Sheffield.

de diviser le reste en deux parties dont l'une formerait un dividende pour les ouvriers actionnaires, et l'autre serait distribuée à ces ouvriers et aux autres sociétaires non-actionnaires proportionnellement au travail de chacun d'eux. Ce n'était donc pas une société purement coopérative dès l'origine. L'entreprise réussit; les premières années donnèrent de beaux bénéfices qui attirèrent des offres de capitaux. Or ces capitaux ne purent être seulement hypothécaires, puisqu'il fallait une réserve pour les pertes; les fondateurs durent prendre des actionnaires. A mesure que l'établissement s'agrandit, il y entra des auxiliaires salariés de plus en plus nombreux. Aujourd'hui les Équitables Pionniers de Rochdale ne sont nullement des ouvriers en société coopérative; l'atelier primitif est devenu une grande manufacture en actions, et les souscripteurs du premier fonds social ont passé au rang de gérants et d'actionnaires.

Une autre filature de coton établie aussi par des ouvriers à Oldham est restée exclusivement entre leurs mains, et elle a prospéré grâce à la capacité du gérant que les sociétaires ont eu le bon sens de mettre à leur tête. Seulement il faut remarquer que, dès l'origine, il s'était fait un emprunt; des actionnaires étaient entrés dans l'affaire. De plus les premiers sociétaires s'étaient adjoint des auxiliaires salariés, et ils avaient travaillé, non comme ouvriers, mais comme agents supérieurs.

La Société coopérative de production s'est trouvée

comme enfermée dans une alternative contraire à sa propagation : ou les associations ont observé fidèlement le principe de la coopération, et alors leurs affaires et leurs bénéfices se sont peu accrus, ou elles ont étendu leurs opérations, et alors elles ont dévié de leur principe. Dans le premier cas, le capital et le travail ont vécu d'accord, mais en se renfermant dans un cercle très étroit. Dans le second cas, quelques ouvriers se sont enrichis sans que le sort de tous les autres s'en soit ressenti, et la porte n'en est pas moins restée ouverte aux coalitions et aux grèves.

La participation des ouvriers aux bénéfices s'est réduite à quelques essais. En 1865, deux sociétés en actions, l'une pour la fabrication de barres et de plaques de fer, l'autre pour la fabrication de fils de fer, décidèrent que lorsqu'elles auraient prélevé, la première 10 pour cent, la seconde 15 pour cent sur les bénéfices pour les actionnaires, et qu'il resterait un excédant, il en serait fait deux parts égales, dont l'une serait attribuée aux actionnaires et l'autre aux ouvriers au prorata de leurs salaires. Dans des années heureuses, cette gratification s'est élevée à 2 ou 3 pour cent.

Un exploitant de houillères nommé Briggs et un constructeur de machines convertirent chacun leur entreprise en société anonyme avec l'intention d'y intéresser leurs employés et leurs ouvriers. Le capital fut divisé en actions de 250 francs, dont une partie fut réservée aux employés et ouvriers, et effectivement un

certain nombre d'entre eux se rendirent actionnaires.
Il fut stipulé que si, après que les ouvriers auraient
reçu leur salaire et les actionnaires un intérêt de 10
pour cent, il restait un excédant, il en serait fait deux
parts, dont l'une serait attribuée aux actionnaires et
l'autre aux ouvriers au prorata de leurs salaires, comme
dans les deux fabriques citées plus haut. On a raconté
que, dès lors, la paix avait régné dans les houillères de
M. Briggs, que le travail et les bénéfices s'étaient
accrus, bref que les ouvriers s'étaient loués de cet
arrangement comme le maître lui-même. Soit; mais
ce contentement ne fut pas de longue durée; car en
1873, M. Briggs vit paraître devant lui une députa-
tion qui lui demanda une augmentation dans les
salaires, en se fondant sur ce que ceux des environs
étaient plus élevés. M. Briggs objecta que si chez lui
les salaires étaient plus bas qu'ailleurs dans le moment,
ils n'avaient pas été antérieurement réduits comme
ailleurs quand la vente avait baissé, et qu'au surplus
les ouvriers perdraient en bénéfices ce qu'ils gagne-
raient en salaires ; ce qui était vrai quant aux ouvriers
actionnaires et non quant aux autres. Toutes les représentations de M. Briggs furent inutiles; il lui fallut
accorder une augmentation de 15 pour cent, puis
donner une compensation aux actionnaires en portant
l'intérêt à 13 pour cent au lieu de 10, avant tout partage de bénéfices. L'année suivante, les choses allèrent
de mal en pis; les ouvriers déclarèrent qu'ils renon-
çaient à la participation, en ajoutant qu'ils préféraient

entrer dans la grande association des ouvriers mineurs.

Un fabricant de tapis, à Halifax, convertit aussi son
établissement en société par actions, et cent cinquante
de ses ouvriers en acquirent ; les autres n'eurent point de
part dans les bénéfices. On a dit que cet arrangement
avait produit un excellent effet, non seulement par l'accroissement de la production, mais encore par le perfectionnement des produits. Cependant les ouvriers actionnaires ne formaient qu'une minorité ; les autres en
grande majorité ne recevaient que leur salaire ; comment s'expliquer que néanmoins cette majorité ait re-
doublé de soin et de zèle, sans avoir le même stimulant
que la minorité ?

En somme l'Angleterre jouit du régime le plus
libéral qui existe en fait de coalitions et de grèves. La
loi tient, quant à elle, la balance égale entre les chefs
d'industrie et les ouvriers relativement aux questions
de main-d'œuvre, et pas une voix ne s'élève pour demander que le gouvernement, ou le parlement, ou les
corps municipaux, prennent fait et cause pour les uns
plutôt que pour les autres. Chacune des parties défend
librement ses intérêts sous sa responsabilité. Les associations ouvrières continuent d'exercer une influence
notable sur les rapports du travail avec le capital, et
de la façon qu'elles procèdent en général, elles servent
à régulariser la collaboration des deux facteurs de la
production. D'après un rapport officiel publié en 1884,
il y avait alors 209 associations ouvrières dûment

enregistrées. Les plus nombreuses et les plus riches étaient les suivantes :

	Membres.	Revenu.
Mineurs de Durham..................	36.000	863.950 fr.
Constructeurs de navires............	29.546	1.823.650
Charpentiers et menuisiers..........	22.839	1.365.975
Ouvriers agricoles (ass. nationale).....	15.000	173.275
Fileurs de coton....................	14.326	857.200
Tailleurs	14.203	490.750
Ouvriers agricoles du Kent et du Sussex.	13.000	296.575
Mineurs de l'ouest du Yorkshire.....	12.000	275.400
Mineurs du Northumberland.........	10.900	165.900
Employés de chemins de fer..........	8.077	348.325
Maçons en briques..................	6.075	227.375
Compositeurs d'imprimeries de Londres.	5.850	253.225
Constructeurs de machines à vapeur..	4.762	246.750
Ouvriers en tulles..................	4.020	269.775
Carriers du pays de Galles..........	3.535	32.050

FRANCE

I

Coalitions d'ouvriers au dix-septième et au dix-huitième siècle. — Idées du gouvernement en matière de travail sous le règne de Louis XV. — Insurrection à Lyon en 1744. — Règlements de police pour contenir les ouvriers.

Nous avons laissé, en France, les coalitions et les grèves au temps de Louis XIV. Il y avait alors deux sortes d'établissements industriels, ceux qui vivaient sous la loi des corps de métiers et ceux qui se créaient en vertu de privilèges accordés par les rois, soit pour l'invention d'une fabrication nouvelle, soit pour l'introduction d'une fabrication étrangère. Dans ces derniers, les ouvriers étaient à peu près exempts de chômage et de variation dans les salaires ; ils recevaient des secours en cas de maladie ou d'accident, et jouissaient de pensions dans la vieillesse ; en sorte que la discorde n'avait guère entrée dans ce domaine. Les autres établissements furent sujets au contraire à des dissensions intestines sur lesquelles on trouve plus ou moins de détails dans divers écrits.

En avril 1688, une requète présentée au roi par les fabricants de draps de Darnetal près de Rouen, contenait ce qui suit : « Leurs ouvriers ayant entre eux une jurande ou espèce de privilège qui exclut tous ceux qui n'en sont pas de travailler aux manufactures, nécessitent les supplians à ne se servir que de ceux qui sont autorisez par leur dite jurande, lesquels ne travaillent que comme ils veulent et quand ils veulent » (1). Les compagnons toiliers de Rouen, à leur tour, se mirent en grève pour une diminution de salaires (2).

En 1697, les compagnons drapiers s'ameutèrent encore au nombre de trois à quatre mille, parce que certains fabricants avaient employé des ouvriers étrangers ; ils faisaient fermer les fabriques, et malgré l'intervention de toutes les autorités de la province, ils demeurèrent tout un mois sans reprendre leur travail (3).

Vers la même époque, les compagnons maréchaux de Paris allèrent faire du tumulte devant la porte des maîtres pour obtenir une augmentation de salaire. « Lorsqu'ils ont connaissance, dit de Lamare, que quelques-uns des autres compagnons dudit métier ne veulent point avoir de part à cette mauvaise conduite et demeurent avec assiduité chez leurs maîtres, ils se transportent chez les dits maîtres, et par menaces, in-

(1) Supplément au *Recueil des réglements*, I, 197, 5 avril 1688.
(2) O. Lacroix, *Histoire des corporations d'arts et métiers de la Normandie*, p. 15.
(3) Supplément précité, I, 234, 23 avril 1697.

timidations et autres mauvaises voyes forcent les dits compagnons bien intentionnez de se joindre à eux (1). »

En 1699, les jurés chapeliers portèrent plainte au parlement contre leurs ouvriers pour des faits semblables. « Si un maître, disaient-ils, refuse de recevoir tels compagnons qu'il leur plaise, quoique sans expérience, les compagnons obligent ceux qui travaillent de sortir, les menaçant de mauvais traitements s'ils restent... Ils s'obligent par semaine à mettre chacun certaine portion de leur gain dans une boeste. Ils se servent de ce fonds pour quand ils veulent rendre tous les ouvrouers vuides et faire sortir tous les compagnons qui sont de leurs caballes, de telle manière que quand il leur plaist, tous les maîtres demeurent dans l'impossibilité de pouvoir faire les ouvrages qu'ils ont entrepris faute de compagnons (2). »

Boisguillebert raconte dans son *Traité des grains*, chap. x, qu'on voyait « des sept à huit cents ouvriers d'une seule manufacture s'absenter tout à coup et en un moment, en quittant les ouvrages imparfaits, parce qu'on leur vouloit diminuer d'un sou leur journée, le prix de leurs ouvrages étant baissé quatre fois davantage ; les plus mutins usant de violence envers ceux qui auraient pu être raisonnables ». — « Il y a même, dit-il encore, des statuts parmi eux dont quelques-uns sont par écrit, par lesquels il est porté

(1) Manuscrits de de Lamare, Arts et métiers, VI, 45, 3 ma 1697.

(2) *Ibid.*, III, 94, 12 septembre 1699.

que si l'un d'eux entreprend de diminuer le prix ordinaire, il soit aussitôt interdit de faire le métier; et outre la voie de fait dont ils usent en ces occasions, le maître même s'en ressent par une défense générale à tous les ouvriers de travailler jamais chez lui ».

Ainsi sous le règne du plus absolu des rois de France, la coalition se montrait avec un cortège complet d'associations, de grèves, d'interdictions et de voies de fait.

Des scènes semblables se rencontrent encore sous le règne de Louis XV. La première eut lieu en 1724 à cause du désordre qui régnait dans les monnaies comme dans les finances. Le titre avait été abaissé, et après la chute du système de Law, le gouvernement avait entrepris d'émettre une monnaie à un titre supérieur; changements alternatifs qui se pratiquaient depuis les premiers Valois, au profit du Trésor royal. Or, quand le titre baissait, le prix des denrées haussait, et les ouvriers qui recevaient pour le prix de leur main-d'œuvre la même somme qu'auparavant, ne pouvaient acheter avec cette somme la même quantité de denrées. Quand le titre se relevait, les marchands ne diminuaient pas les prix de vente et tendaient plutôt à les augmenter, en sorte que les ouvriers éprouvaient encore du dommage. De là provint un démêlé entre les ouvriers bonnetiers de Paris et les marchands-fabricants. Voici le récit qu'en fait l'avocat Barbier dans son journal; on y voit comme les gens de robe envisageaient les rapports entre le capital et le travail.

« *Avril* 1724. — L'argent est *diminué* d'un tiers celte année (1); mais on éprouve bien de la difficulté pour remettre les choses en règle, ce qui fait connaître le danger qu'il y a d'accoutumer les ouvriers à gagner beaucoup. Il leur paraissait doux de ne travailler que trois jours de la semaine et d'avoir de quoi vivre le reste. On peut voir jusqu'où va la faction de ces gens du peuple. Il y a peut-être à Paris quatre mille ouvriers en bas. A la première diminution des espèces, ils ont voulu gagner cinq sous de plus par paire de bas. Il a fallu que le marchand les leur accordât. A la seconde diminution, le marchand a voulu diminuer ces cinq sous; l'ouvrier n'y a pas consenti; le marchand s'est plaint; les ouvriers se sont mutinés. Ils ont menacé de coups de bâton ceux d'entre eux qui prendraient de l'ouvrage à moindre prix, et ils ont promis un écu par jour à ceux qui ne pourraient point vivre sans cela. Pour cet effet ils ont choisi un secrétaire qui avait la liste des ouvriers sans travail et un trésorier qui distribuait la pension. Ces ouvriers demeuraient dans le Temple. Ils profitaient du besoin qu'on a d'eux, et fai-

(1) Ce mot *diminué* demande une explication que Michel Chevalier a donnée dans son cours : « L'opération de la fausse monnaie eut son nom légal et bienséant. Cela s'appelait dans les édits *augmenter* la monnaie, parce qu'on augmentait le nombre des pièces dites livres qu'on taillait dans un marc d'argent. Dans cette langue étrange on disait que la monnaie était *diminuée* lorsqu'on restituait à la livre une portion de sa valeur première en frappant un moindre nombre de pièces du même nom avec la même quantité de métal. » *Cours d'économie politique*, t. III, p. 50.

saient les séditieux. On s'est plaint au contrôleur général et on en a fait mettre une douzaine en prison au pain et à l'eau. Cela montre qu'il ne faut pas laisser le peuple se déranger, et la peine qu'on a à le réduire ». (1)

Au mois de juillet de la même année, il arriva dans le Dauphiné un autre fait de coalition digne de remarque en ce qu'il montre d'après quelles idées le gouvernement procédait en matière de travail industriel. Ce fait est exposé ainsi qu'il suit dans une délibération du conseil du commerce : « Par un procès-verbal dressé à la réquisition d'un marchand fabricant de papier à Crest, il a paru que les ouvriers de plusieurs fabriques de papier avaient cabalé entre eux pour se faire augmenter leurs payes de 12 livres par an et que quelques entrepreneurs de ces manufactures ayant refusé de donner l'augmentation demandée *dans un temps où le roi veut que les denrées, marchandises et journées de ces ouvriers soient diminuées à proportion de la diminution arrivée sur les espèces, leurs ouvriers avaient déserté leurs fabriques....* » Puis vient la décision : « Le contrôleur général a mandé à M. de Fontanieu (l'intendant) que l'intention du roi était qu'il fît arrêter et mettre en prison pour le temps qu'il jugerait à propos, ceux d'entre ces ouvriers qu'il trouverait avoir plus de part à la cabale dont il s'agit et à la désertion qui s'en est ensuivie, qu'il était à propos qu'il

____

(1) *Journal de Barbier*, t. Ier, p. 206.

rendît publique la peine qu'il imposerait à quelques uns de ces ouvriers afin que l'exemple qu'il en ferait contînt les autres, et les rendît en général *plus dociles à se soumettre à la diminution qu'il convenoit de faire du prix de leurs journées ou au moins les disposât à n'en pas exiger un plus considérable que par le passé ; qu'il le prioit aussi d'arrester le mauvais exemple qui a esté donné à cet égard par quelques-uns des marchands fabricans du haut Dauphiné dont la conduite se trouvoit contraire aux ordres de Sa Majesté pour la facilité condamnable qu'ils ont eue de se prester, en faveur de leurs ouvriers, à une augmentation de 12 livres par an,* qui a donné lieu à ceux des autres fabriques d'en exiger autant, et de faire pour l'obtenir, des caballes très-punissables (1). »

Trois ans après, Amiens eut une grève qui offre comme trait particulier la façon dont l'autorité procéda. Le 15 septembre, plusieurs centaines d'ouvriers tisseurs « quittèrent le travail et s'étant attroupés, parcoururent ce jour-là et le lendemain les rues de la ville, entrant dans les maisons et ouvroirs des fabricans qu'ils menaçoient de couper les marchandises si on n'augmentoit le prix de leurs journées, et ils forcèrent plusieurs ouvriers qui travailloient à quitter le travail et à se joindre à eux (2). » Puis ils rentrèrent dans les ateliers. Or, l'intendant porta ces faits à la connaissance du

(1) Archives nationales, Registre du conseil du commerce en 1724.

(2) Registre des délibérations du conseil du commerce en 1727.

ministre le 29 octobre, au bout de six semaines, et il fut décidé alors qu'il fallait faire un exemple. Le conseil du roi évoqua l'affaire; l'intendant fut investi du plein pouvoir de poursuivre « les auteurs et complices des attroupements, menaces et voies de fait, et de les juger en dernier ressort suivant la rigueur des ordonnances, en appelant avec luy le nombre des gradués requis (1). »

Ouin-Lacroix, dans son histoire des corps de métiers de la Normandie, rapporte qu'en 1744 les ouvriers toiliers de Rouen demandèrent quinze sous au lieu de dix sous pour leur journée et qu'ils se portèrent à des actes de violence. En 1772 ce furent les ouvriers menuisiers qui demandèrent une réduction dans la journée de travail; comme il s'ensuivit du tumulte, les plus ardents furent arrêtés et condamnés à 10 livres d'amende et quinze jours de prison.

Un fait plus sérieux se passa à Lyon en 1744. Des commerçants dits marchands-fabricants commandaient les étoffes et fournissaient les matières premières et les dessins à des ouvriers à façon dits chefs d'atelier, qui pouvaient en outre fabriquer des étoffes pour leur propre compte; et des ouvriers dits compagnons étaient employés par les chefs d'atelier à ces fabrications. Les marchands-fabricants se plaignirent en 1731 que leurs étoffes s'écoulaient difficilement et que les chefs d'atelier leur faisaient une concurrence ruineuse; ils obtin-

(1) Archives nationales, Registre des délibérations du conseil du commerce en 1727.

rent un arrêt du conseil qui établit une ligne de démarcation absolue entre l'état de marchand-fabricant et l'état de chef d'atelier. Les marchands-fabricants ne purent avoir chez eux plus de deux métiers et il ne leur fut permis d'y faire travailler que des personnes de leur famille. Les chefs d'atelier eurent le droit de prendre des apprentis et de faire travailler sur quatre métiers au maximum; mais il leur fut interdit de fabriquer des étoffes, soit pour leur compte, soit pour aucune autre personne que pour les marchands-fabricants.

Ce règlement rencontra une vive opposition de la part des chefs d'atelier et des compagnons. Il y eut des débats qui durèrent jusqu'en 1737, et alors intervint un nouveau règlement qui permit aux chefs d'atelier de travailler pour leur compte ou pour toute autre personne; mais deux ans après les marchands-fabricants réussirent à faire rapporter ce règlement et rétablir celui de 1731. De là provint chez leurs adversaires un mécontentement qui éclata en août 1744. La vente des soieries languissait; il y avait des chômages; les salaires étaient bas et les vivres coûtaient cher. Les ouvriers demandèrent un sou de plus par aune. Sur le refus des marchands-fabricants, des attroupements se formèrent. Les ouvriers teinturiers, charpentiers, bonnetiers, ainsi que les portefaix, unirent les griefs qu'ils avaient en particulier avec ceux des ouvriers en soie et tous firent cause commune. L'autorité consulaire était dépourvue de moyens de répression suffisants, de sorte que les émeutiers restèrent pendant six jours absolument maîtres de la ville. Il ne se commit de leur part aucun acte de violence contre les personnes ni contre les propriétés ; mais les consuls ne voyant pas d'autre moyen de sortir de cette crise et d'empêcher de plus grands malheurs qu'en satisfaisant aux demandes des ouvriers, rendirent des ordonnances qui abrogeaient les réglements dont ils s'étaient plaints ; puis le travail reprit son cours. Que pensa le gouvernement de cette affaire? On ne le sut qu'au bout de six mois. Le 25 février 1745, le conseil du roi cassa les ordonnances des consuls. Le vicomte de Lautrec entra dans Lyon avec des troupes ; les ouvriers furent désarmés ; des arrestations et des condamnations s'ensuivirent ; un portefaix fut pendu après avoir subi la question ; un ouvrier en soie fut condamné aux galères à perpétuité ; trois autres, avec deux portefaix, le furent à temps (1).

Les dissensions continuèrent dans la fabrique lyonnaise. En 1786 survint une crise commerciale qui amena la misère. « Les chefs d'atelier, dit M. Levasseur, demandèrent deux sous de plus par aune, arrêtèrent leurs métiers et parcoururent la ville en bandes menaçantes. Comme la première fois le consulat céda et il fut désavoué par le gouvernement qui fit occuper militairement les faubourgs de Vaise, de la Croix-Rousse et de la Guillotière (2). » Puis l'affaire eut une suite qui est exposée dans le préambule d'un arrêt du conseil du 3 septembre rendu sur la proposition de M. de Vergen-

(1) Voy. Monfalcon, *Histoire de Lyon*, t. II.
(2) *Histoire des classes ouvrières après* 1789, t. Iᵉʳ, page 80.

nes : « Le roi a reconnu que les contestations qui se renouvellent sans cesse entre les fabricants et les arti- sans proviennent principalement de l'usage qui est particulier à cette ville, de taxer le prix des journées d'ouvriers, tandis qu'il est nécessairement variable et subordonné aux circonstances ; le roi a vu aussi avec étonnement que d'anciens règlements avaient limité le nombre des métiers que les fabricants de cette ville peuvent employer, et que par un autre abus, les filles et les femmes étoient exclues des ateliers..... à quoi voulant pourvoir, le roi a ordonné et ordonne ce qui suit : » — « Les salaires des compagnons, garçons et artisans de la ville de Lyon seront réglés de gré à gré, et à prix débattu entre le maître fabricant et l'ouvrier, selon le temps, les circonstances, la nature des ouvrages et la capacité de l'ouvrier (article 1er). » Il est fait défense « aux dits ouvriers, garçons et artisans de se concerter entre eux pour faire hausser le prix de leurs salaires d'une manière uniforme et combinée, le tout sous peine de prison et de plus grande peine s'il y échet (art. 2), de s'attrouper sous aucun prétexte, de former aucune cabale et d'exciter aucun trouble con- traire à la tranquillité publique sous peine d'être pour- suivis extraordinairement et punis suivant la rigueur des ordonnances (art. 3). A l'avenir, les filles et femmes pourront être admises à travailler comme ouvriers dans les fabriques, manufactures et ateliers (art. 5). Veut et ordonne Sa Majesté que les marchands fabricants et les maîtres ouvriers à façon aient la liberté d'employer chez eux tel nombre de métiers qu'ils jugeront à propos, sans avoir égard au règlement de 1744 (1). » L'administration, ajoute M. Levasseur, avait assurément des intentions excellentes, à demi éclairées par des idées justes; elle n'oubliait qu'une chose, c'est qu'en face des ouvriers désarmés de leurs tarifs et de leurs moyens de concert, elle laissait les marchands organisés.

Outre les différents actes de répression qui eurent lieu sous le règne de Louis XV contre les coalitions d'ouvriers, le gouvernement usa de tous les moyens qu'il put imaginer pour tenir les ateliers sous une discipline rigoureuse. Les confréries, les sociétés secrètes, les cabales furent interdites en 1749, sous peine de cent livres d'amende. Plusieurs arrêts du conseil défendirent à tout ouvrier de quitter un établissement sans avoir terminé entièrement l'ouvrage commencé et notifié son départ un certain temps à l'avance, jusqu'à trois mois dans certains métiers, sous peine de cent à trois cents livres d'amende. Les ouvriers furent astreints, sous la même peine, à se munir d'un congé écrit toutes les fois qu'ils quitteraient un établissement, et dans le cas où ils manqueraient à ces diverses obligations, la maréchaussée eut ordre de les appréhender au corps et de les ramener chez leur premier maître.

(1) *Dictionnaire des manufactures et arts,* par Roland de la Platière, t. II, p. 36.

II

Le régime disciplinaire auquel les ateliers furent
soumis dans l'ancienne monarchie, procura un ordre
extérieur sous lequel couvèrent des sentiments de
haine parmi les ouvriers. Aussi saluèrent-ils avec en-
thousiasme la révolution de 1789 et l'abolition des
corps de métiers, par conséquent la liberté du travail];
mais en général ils n'étaient guère capables d'user
sagement de ce droit tant souhaité. « L'apprentissage
de la liberté, dit M. Levasseur, ne se fait pas en un
jour et sans peine. Les paysans émancipés avaient in-
cendié les châteaux. Les marchands affranchis des
impôts les plus vexatoires se rebellèrent contre les
impôts qu'on maintenait encore. Les ouvriers s'imaginèrent qu'on ne les avait délivrés des chaînes de la
corporation que pour leur donner le moyen d'imposer

à leur tour la loi à leurs maîtres (1) ». Les circonstances d'ailleurs étaient très difficiles. L'ébranlement des fortunes, la cherté des vivres, l'inquiétude resserraient le capital et la consommation, en conséquence la production. Il se trouva à Paris et il y arriva encore des ouvriers inoccupés qui, pour avoir du pain, acceptèrent du travail à bas prix. Les autres résistèrent à cette réduction des salaires en se coalisant. Marat ne manqua pas cette occasion de souffler la discorde et la haine. Les chefs d'industrie furent taxés de cupidité et d'inhumanité. En divers quartiers il s'éleva du tumulte mêlé de violences. L'autorité municipale tenta vainement de ramener le calme par voie de conseils ; un arrêté qu'elle prit ensuite n'eut pas un meilleur succès ; il fallut recourir au pouvoir législatif.

« Je viens, dit le député Lechapelier, le 14 juin 1791, au nom de votre comité de constitution, vous déférer une contravention aux principes constitutionnels qui suppriment les corporations, — contravention de laquelle naissent de grands dangers pour l'ordre public. Plusieurs personnes ont cherché à recréer les corporations anéanties en formant des assemblées d'arts et métiers dans lesquelles il a été nommé des présidents, des secrétaires, des syndics et autres officiers. Le but de ces assemblées qui se propagent dans le royaume et qui ont déjà établi entre elles des correspondances, est de forcer les entrepreneurs de travaux, les ci-devant

____

(1) *Histoire des classes ouvrières après 1789*, t. Ier, p.133.

maîtres, à augmenter le prix de la journée de travail, d'empêcher les ouvriers et les particuliers qui les occupent dans les ateliers, de faire entre eux des conventions à l'amiable, et de leur faire signer sur des registres l'obligation de se soumettre aux taux de la journée de travail fixés par ces assemblées et aux autres règlements qu'elles se permettent de faire. On emploie même la violence pour faire exécuter ces règlements ; on force les ouvriers de quitter leurs boutiques, lors même qu'ils sont contents du salaire qu'ils reçoivent ; et déjà plusieurs ateliers se sont soulevés et différents désordres ont été commis..... Sans doute il doit être permis à tous les citoyens de s'assembler ; mais il ne doit pas être permis aux citoyens de certaines professions de s'assembler pour leurs prétendus intérêts communs. Il n'y a plus de corporations dans l'État ; il n'y a plus que l'intérêt particulier de chaque individu et l'intérêt général..... »

L'Assemblée nationale irritée des conflits qui lui étaient dénoncés, ne s'arrêta pas à considérer que les coalitions et les anciennes corporations étaient deux choses toutes différentes, que malgré la suppression des corporations, les ouvriers, aussi bien que les patrons, avaient des intérêts communs sur lesquels il devait leur être permis de se concerter les uns comme les autres, et que c'était seulement l'abus de cette liberté qu'il fallait empêcher. La proposition fut adoptée immédiatement et formulée en un décret qui renfermait, entre autres dispositions, les deux suivantes :

« Si contre les principes de la liberté et de la constitution, des citoyens attachés aux mêmes professions,
arts et métiers, prenaient des délibérations, ou faisaient
entre eux des conventions tendant à refuser de concert
ou à n'accorder qu'à un prix déterminé le secours de
leur industrie ou de leurs travaux, les dites délibérations et conventions accompagnées ou non de serments,
sont déclarées inconstitutionnelles, attentatoires à la
liberté et à la déclaration des droits de l'homme, et de
nul effet. Les auteurs, chefs et instigateurs qui les
auront provoquées, rédigées ou présidées, seront cités
devant le tribunal de police à la requête du procureur
de la commune, condamnés chacun à 500 livres
d'amende et suspendus pendant un an de l'exercice de
tous droits de citoyen actif (article 4). Si les délibérations ou convocations, affiches apposées, lettres circu-
laires, contenaient quelque menace contre les entrepreneurs, artisans, ouvriers ou journaliers étrangers
qui viendraient travailler dans le lieu, ou contre ceux
qui se contenteraient d'un salaire inférieur, tous auteurs, instigateurs ou signataires des actes ou écrits
seront punis d'une amende de 1,000 livres chacun et
de trois mois de prison (article 6). »

Au reste, pendant les années suivantes, les troubles
civils, les guerres, le désarroi des finances et le déran-
gement des fortunes privées jetèrent l'industrie dans
un état de langueur qui ne fournit guère l'occasion
d'appliquer la loi de 1791. En l'an XI, lorsque le gouvernement consulaire entreprit, sur la demande des

chefs d'industrie, de régler à nouveau leurs rapports avec les ouvriers, la liberté avait beaucoup perdu dans l'opinion publique. Les ouvriers d'ailleurs inspiraient peu de confiance au gouvernement ; ils ne lui semblè-rent pas avoir assez d'instruction ni d'esprit de con-duite, être assez éclairés ni assez sages pour pouvoir être mis en possession d'une entière liberté d'action sans que le travail fût exposé à en souffrir. Quand c'eut été vrai, pouvaient-ils apprendre à se conduire sans avoir la liberté de leurs mouvements? Bref il parut prudent de donner aux patrons une certaine su-prématie et d'établir pour les ouvriers une discipline sous laquelle la production reprendrait un cours régu-lier. Des peines furent édictées tant contre les maîtres que contre les ouvriers qui se rendraient coupables de coalition ; mais les premiers ne furent punissables que dans le cas où ils se coaliseraient pour forcer *injuste-ment et abusivement* l'abaissement des salaires, tandis que les ouvriers le furent pour tout concert tendant à cesser en même temps de travailler, à interdire le travail dans certains ateliers, à empêcher de s'y rendre et d'y rester avant ou après certaines heures, et en général pour suspendre, empêcher, en-chérir les travaux. La même inégalité exista dans les peines : les ouvriers furent passibles d'un emprisonne-ment de trois mois au maximum; les maîtres eurent pour leur part une amende de 100 à 3000 francs, et s'il y avait lieu, un emprisonnement qui ne pouvait excéder un mois.

Les rédacteurs du code pénal de 1810 modifièrent les pénalités. Les patrons furent punissables d'un emprisonnement de six jours à un mois et d'une amende de 200 à 3000 francs. Quant aux ouvriers, la peine fut fixée à un emprisonnement d'un mois au moins et de trois mois au plus, et pour les chefs ou moteurs, de deux à cinq ans. Les mêmes peines atteignirent les ouvriers qui auraient prononcé des amendes, des défenses, des interdictions ou autres proscriptions sous le nom de *damnations*, soit contre des directeurs d'ateliers ou des entrepreneurs d'ouvrages, soit les uns contre les autres.

Ces dispositions restèrent sans application de 1803 à 1814, ou du moins il n'existe aucune trace de coalition ni de grève ; ce qui s'explique par plusieurs circonstances. La conscription enlevait au travail un très grand nombre de bras et donnait ainsi une plus grande valeur à ceux qui restaient dans les champs ou dans les ateliers. Pendant plusieurs années les entreprises industrielles et l'agriculture donnèrent de gros profits qui attirèrent les capitaux, et le développement que prit la production tendit encore à élever le taux des salaires. De plus l'autorité possédait alors une puissance sous laquelle se courbaient tous les fronts.

Après que la Restauration se fut assise, la grande industrie, à l'abri de la paix et du système protecteur, entra dans une des plus brillantes périodes de son développement ; elle tira des campagnes un grand nombre d'hommes et de femmes qui trouvèrent chez elle des salaires plus élevés. Le bâtiment et les industries de luxe eurent une suite d'années de prospérité dont les ouvriers profitèrent. Aussi les affaires de coalition furent-elles peu fréquentes et la plupart peu sérieuses. Deux grèves seulement offrent des particularités à noter. En 1822, les ouvriers charpentiers de Paris et des environs profitèrent de l'activité des constructions pour demander une augmentation de salaires, et ne l'ayant pas obtenue, ils quittèrent les chantiers. Il y eut du bruit, des menaces, des violences. La police fit plusieurs arrestations, rappela les règlements relatifs au visa du livret, expulsa des ouvriers étrangers ; en définitive les ouvriers atteignirent leur but ; le salaire fut porté à 35 centimes l'heure. Les constructions devinrent plus chères d'autant sans en éprouver cependant le moindre ralentissement.

L'affaire la plus grave eut lieu au Houlme, dans la vallée de Déville, auprès de Rouen, en août 1825. Les ouvriers fileurs de coton demandèrent brutalement une augmentation de salaire. La plupart des manufactu-riers se montraient disposés à donner leur consentement, lorsqu'un autre, nommé Levavasseur, taxa cette concession d'indigne faiblesse et refusa hautement d'y adhérer. Une grève se déclara ; défense fut faite par les meneurs de continuer le travail. Puis les têtes s'échauffèrent ; la filature de M. Levavasseur fut attaquée et sa vie menacée. Des ouvriers, avec des bâtons et des pierres, tinrent tête à la force armée. Un gendarme fut tué d'un coup de feu ; il y eut d'autres gendarmes et plusieurs soldats blessés. Quatre ouvriers passèrent en cour d'assises; un d'eux fut condamné à la peine de mort et les trois autres à 8, 10 et 12 ans de travaux forcés. Le tribunal correctionnel en condamna plusieurs à deux mois de prison. Néanmoins la grève ne resta pas stérile pour les autres ouvriers; les manufacturiers jugèrent à propos d'élever un peu les salaires pour calmer les esprits. Ce fut la première des coalitions entachées de crimes qui eurent lieu en France.

En 1826 arriva une crise commerciale qui mit en désarroi la grande industrie (1). Dans beaucoup d'établissements les travaux se ralentirent ou même s'arrêtèrent. L'hiver de 1829 à 1830 fut rude, le pain cher. La révolution aggrava le mal. La défaite du parti royaliste enleva aux industries de luxe leur meilleure clientèle. L'avenir était incertain, la guerre possible, en sorte que le capital se tint sur la défiance. Les agitations politiques contribuèrent à faire obstacle à la reprise des affaires. Les ouvriers qui s'étaient reconnu la force de renverser un gouvernement et qui n'avaient retiré de la révolution aucun profit pour leurs intérêts matériels, en conçurent des sentiments d'autant moins favorables au nouvel ordre de choses. Il s'ensuivit des émeutes dont la principale éclata à Lyon en 1831 et dégénéra en guerre civile.

(1) « Le prix des marchandises que la spéculation avait surélevé baissa, les exportations se réduisirent, les faillites se déclarèrent. La Restauration resta sous le coup de cette crise jusqu'à son dernier jour. » (*Histoire des classes ouvrières après* 1789), par M. Levasseur, t. Ier).

La fabrique de soieries de cette ville était restée organisée comme sous l'ancienne monarchie (1). La fabrication était sujette à baisser de temps en temps sous l'influence des caprices de la mode ou des crises commerciales qui arrivaient dans les pays où les produits avaient des débouchés. Il fallait lutter contre les concurrences qui s'étaient formées en Suisse et dans la Prusse Rhénane pour les tissus de soie unis, et la révolution de 1830 vint réduire considérablement la vente des tissus façonnés. En 1831, les magasins étaient encombrés de produits invendus. Beaucoup de marchands-fabricants se faisaient une vive concurrence en baissant le prix de leurs étoffes, et pour ne pas être en perte, ils s'efforçaient de regagner la différence sur les prix de façon. Bref les salaires étaient descendus jusqu'à 90 centimes pour un travail de 16 heures par jour.

Cette situation misérable était le thème d'incessantes discussions dans le sein de deux sociétés, celle des *mutuellistes* composée de chefs d'atelier, et celle des *ferrandiniers* composée de compagnons, qui s'étaient formées l'une et l'autre en 1828 pour procurer des ressources à leurs membres en cas de maladie ou d'accidents. Leurs vœux finirent par se résumer dans l'idée d'obtenir un minimum de salaire obligatoire. Les chefs s'adressèrent au préfet du Rhône qui donna volontiers son assentiment. Sur une convocation de sa

(1) Voy. ci-dessus, page 114.

part, des marchands-fabricants, des délégués des ouvriers, des membres de la chambre de commerce et de
l'administration municipale s'assemblèrent et dressèrent, après de longs pourparlers, un tarif auquel le
préfet donna un caractère officiel en le revêtant de son
approbation et en le publiant en forme d'arrêté.

« Fallait-il, dit Louis Blanc dans son *Histoire de dix
ans*, s'abstenir entre les lois de l'humanité violées et la
guerre civile devenue inévitable? Le pouvoir qui, en
de telles circonstances, ne sait pas être arbitraire, doit
abdiquer. » Il eût fallu au moins que la prescription fût
exécutable ; or le pouvoir, eût-il été constitué comme
l'entendait Louis Blanc, ne fût pas parvenu à y donner
suite. Reybaud en a fait voir la raison dans son livre
sur la soie : « Il y a autant de prix de façon que de
variétés d'étoffes. On ne paye pas le travail du velours
comme celui du taffetas, les unis comme les façonnés,
les tissus légers comme les tissus forts. Les conditions
changent avec les dimensions ; elles changent aussi
avec les hommes suivant leur degré d'activité et d'habileté. Dans les façonnés ces modifications vont à l'in-
fini : chaque dessin fait l'objet d'un marché spécial et
se paye à raison des complications qu'il amène. Voilà
les premières difficultés ; les eût on vaincues, qu'il s'en
présenterait de plus grandes. Les métiers de Lyon n'ont
pas une occupation assez suivie et assez régulière pour
que, déduction faite des jours fériés, on puisse obtenir
un total exact en multipliant le prix des façons par le
nombre des journées ouvrables. Il y a des chômages et

ces chômages ne sont pas uniformes pour tous les ateliers; ils dépendent d'abord de l'état de l'industrie et de la rareté ou de l'abondance des commandes; ils dépendent également de la nature du travail et du temps d'arrêt qu'exige le montage des métiers. Ce serait un nouveau calcul à faire, et comment saisir des éléments si fugitifs? On se livrerait à une enquête aujourd'hui que demain elle serait à recommencer (1) ».

Il se présenta un autre obstacle. Les marchands-fabricants ne formaient pas une corporation dont les membres fussent solidaires les uns des autres; la plupart refusèrent de se conformer au tarif, et ils ne pouvaient y être contraints judiciairement; car l'arrêté du préfet était illégal. Les ouvriers, frustrés dans leur espoir, entrèrent en fureur. Tous les métiers concentrés à la Croix-Rousse s'arrêtèrent de gré ou de force et des attroupements se formèrent. Un peloton envoyé pour rétablir l'ordre fut entouré et désarmé. Un bataillon de garde nationale composé en grande partie de fabricants, partit à son tour et rencontra, en montant la côte, une bande d'ouvriers qui lui barra le passage. Le combat s'engagea; plusieurs ouvriers tombèrent atteints de coups de feu. Alors les habitants de la Croix-Rousse et d'autres faubourgs se précipitèrent sur la ville. La garnison était trop faible pour résister à ces attaques; après avoir lutté pendant une journée,

(1) P. 147.

elle se retira sur les hauteurs voisines, et les insurgés régnèrent en maîtres dans la ville pendant dix jours.

La question du tarif s'était effacée devant la guerre civile. Déjà perçait l'ingérence des partis ennemis de la monarchie de Juillet. Un drapeau noir arboré par les insurgés portait une devise inventée par d'autres que par eux : « Vivre en travaillant ou mourir en combattant. » Mots profonds et sinistres, dit Louis Blanc : oui, car ils signifiaient le droit au travail, la guerre à la propriété, l'invasion du socialisme révolutionnaire dans les ateliers. Jusqu'alors le parti républicain avait trouvé peu d'appui parmi les ouvriers parce que son programme et son langage étaient restés exclusivement politiques ; il entreprit de se fortifier en identifiant les deux causes. La société des Droits de l'homme demanda, entre autres réformes, « l'émancipation de la classe ouvrière par une meilleure division du travail, par une répartition plus équitable des produits, et par l'association. » — « Le jour où la France sera libre, disait Vignerte devant la cour d'assises en 1834, et la nation souveraine, il sera de l'essence des devoirs de la république de fournir aux prolétaires les moyens de se former en associations coopératives et d'exploiter eux-mêmes leur industrie. » Louis Blanc vint à son tour fulminer contre la concurrence, selon lui la grande cause des maux de la société ; quand il peignit les misères des populations ouvrières, sa parole colorée fit une vive impression sur des esprits peu cultivés et tout disposés à attribuer les vicissitudes du travail à un vice de l'organisation sociale (1).

Les institutions politiques offrirent aux révolutionnaires un côté faible par où ils attaquèrent la place. Le pouvoir s'appuyait sur deux cent mille électeurs qui disposaient de la représentation nationale. La bourgeoisie dominait dans la Chambre des députés et mesurait le concours qu'elle donnait au gouvernement selon que ses intérêts particuliers y trouvaient leur compte ; ainsi elle refusait opiniâtrément de réduire les droits de douane. La Chambre des pairs n'avait aucun point d'appui dans le pays ; la couronne, dont elle dépendait, s'en faisait un instrument commode pour repousser tout ce qui contrariait sa politique personnelle. « Le mal, dirent les révolutionnaires, c'est le monopole ; la cause du mal, c'est l'organisation vicieuse des pouvoirs politiques. Il y a donc nécessité, si l'on veut guérir les plaies sociales, de changer préalablement la base de nos institutions. Et alors quand les causes génératrices du mal auront disparu, le mal ne tardera pas à disparaître à son tour. Fille du monopole et de l'oppression exercée par le capital sur le travail, la misère diminuera » (2).

Ce mouvement fut encore fomenté par l'irritation qu'occasionnaient parmi les ouvriers, non seulement la loi sur les coalitions, mais souvent aussi la façon dont elle était appliquée. Il arriva, dans des cas où plusieurs

(1) Voy. l' *Histoire des classes ouvrières*, par M. Levasseur.
(2) *Histoire de huit ans*, par Elias Regnault.

ouvriers firent simultanément une demande et répondirent simultanément à un refus en cessant de travailler, que l'autorité, lors même qu'il n'y eut ni menaces ni violences, arrêta incontinent et emprisonna les grévistes que le patron lui désigna. Ainsi à Paris, le 13 juin 1842 se passa le fait que voici (1). Il y avait dix maçons et sept manœuvres employés à la construction d'un bâtiment dans la rue des Saussaies. Les manœuvres, mécontents du prix de leur journée, demandèrent 10 centimes de plus vers les trois heures de l'après-midi. L'entrepreneur répondit qu'il y réfléchirait; puis voyant que les manœuvres se disposaient à partir, il ferma la porte cochère et envoya chercher le commissaire de police qui « procéda à l'arrestation des réclamants », dit la *Gazette des tribunaux* (2). Après avoir subi une détention préventive depuis le 13 juin jusqu'au 2 juillet, les manœuvres furent encore détenus par jugement, savoir deux pendant huit jours, et les cinq autres pendant cinq jours. On ne songeait pas aux ressentiments qui s'ensuivaient, à l'aversion que les ouvriers concevaient pour un ordre de choses où ils étaient sujets à un pareil traitement. Comment n'eussent-ils pas prêté l'oreille volontiers lorsqu'un radical leur disait que le salariat était la continuation du servage?

(1) *Gazette des tribunaux.*
(2) Numéro du 3 juillet.

III

Coalitions d'ouvriers et de chefs d'industrie sous la monarchie de
Juillet. — Conflits provoqués par des compagnies concession-
naires de houillères. — Grèves qui tournent à l'avantage des
ouvriers.

Les démêlés devinrent plus fréquents et plus graves
sous la monarchie de Juillet. Il arriva maintes fois à
des ouvriers de ne pas se borner à se concerter pour
cesser de travailler, mais de prononcer en outre des
interdictions ou des proscriptions contre des chefs d'industrie, et d'user d'intimidation et de violence envers
d'autres ouvriers qui ne voulaient pas cesser de travailler, ou que les patrons recrutaient pour repeupler leurs
ateliers. Ainsi en 1840, année où la politique agita beaucoup les esprits et influa malheureusement sur le travail, on vit à Paris un atelier de serrurerie envahi par
un grand nombre de grévistes qui voulaient y arrêter
l'ouvrage; deux sergents de ville furent blessés; un
autre atteint de coups de poignard, en mourut.

Du côté des chefs d'industrie il n'était pas rare que
la loi fût enfreinte; mais c'était sans bruit, par des
relations insaisissables ou au moyen des chambres
syndicales dont ils étaient pourvus. Depuis le premier

empire, l'administration avait appliqué ou éludé arbitrairement la loi du 17 juin 1791, en sorte qu'il y eut un nombre de plus en plus grand de syndicats professionnels de patrons, les uns établis en vertu d'une décision formelle, les autres simplement tolérés, tandis que les ouvriers qui voulaient s'en créer pour la défense de leurs intérêts communs étaient poursuivis à outrance. C'était inique. Aucun de ces syndicats, bien entendu, n'inscrivit dans ses statuts, parmi les objets sur lesquels devaient porter ses délibérations, la fixation des conditions du travail ; ils avaient pour mission, disaient-ils, de vider par voie de conciliation ou d'arbitrage les différends entre leurs membres, d'étudier les moyens de perfectionner la fabrication ou de développer les débouchés, de centraliser les renseignements utiles, de poursuivre les fraudes et les contrefaçons ; mais le prix de la main-d'œuvre ne s'en traitait pas moins en assemblée, comme les autres affaires d'intérêt commun. En mars 1842 il fut constaté que si les ouvriers en papiers peints de Paris s'étaient mis en grève, les fabricants qui avaient porté plainte s'étaient concertés eux-mêmes pour arrêter partout la fabrication et avaient fait des visites dans les ateliers pour assurer partout l'exécution de cette sentence d'interdiction.

Berryer parla de faits analogues, lorsqu'il défendit, en 1845, des ouvriers charpentiers de Paris prévenus de coalition. « Les hommes que je vois devant vous, dit-il aux juges du tribunal correctionnel, les hommes inculpés aujourd'hui, les ouvriers charpentiers comme les ouvriers de toute autre profession en France, sont restés dans l'état d'individualité où ils avaient été placés, par la loi du 17 juin 1791; mais ceux que la loi atteignait aussi, mais ceux qui sont entrepreneurs, mais ceux qui sont maîtres dans une profession ou dans un métier quelconque, mais ceux qui ont des ateliers, sont-ils restés dans cette situation d'individualité qui leur était imposée comme aux ouvriers? Non ! » Et Berryer racontait qu'en 1814, les entrepreneurs de charpente avaient été autorisés à former entre eux une association, à en confier l'administration à un conseil et à établir un bureau pour les affaires courantes. « Ce fait est donc incontestable, poursuivait-il, que les ouvriers qui travaillent pour les maîtres, qui ont comme ouvriers des intérêts à défendre, seraient, dans le système de cette organisation, réduits à ne faire que des réclamations individuelles, et vis-à-vis de qui, je vous le demande ? Non pas vis-à-vis de chaque entrepreneur en particulier, mais vis-à-vis d'un corps constitué, d'une association ayant des registres, son président, son bureau, prenant des arrêtés et obligeant tous ses membres à l'exécution de ses arrêtés (1). »…. En effet, quoi qu'elle dît pour s'en défendre, la chambre syndicale des entrepreneurs fut convaincue d'avoir traité, au nom de la communauté, la question des salaires en 1822 et en 1834; les registres en firent foi.

On vit des faits pires encore. Pendant le procès des

____

(1) *Plaidoyers de Berryer*, t. II, p. 226-8.

ouvriers charpentiers de Paris, en 1845, un entrepreneur cité comme témoin, déposa que dans l'assemblée générale des maîtres, il avait failli être jeté par une fenêtre, parce qu'il avait proposé de transiger avec les ouvriers, et un autre déclara qu'on l'avait maltraité, parce qu'il avait adhéré à leur demande. Un fabricant de papiers peints, abandonné par ses ouvriers, eut l'idée odieuse d'inscrire sur chacun de leurs livrets cette mention : « Sorti de chez moi avec une plainte contre lui chez le procureur du roi. »

Il y eut des grèves qui furent absolument provoquées par des chefs d'industrie sans que rien les contraignît à changer les conditions du travail. En janvier 1844, cinq compagnies houillères du département de la Loire se réunissent en une seule. Il se trouve que les ouvriers d'une de ces sociétés touchent un prix de journée plus fort que les autres. Rien ne paraît plus naturel que d'établir l'égalité; mais c'est en réduisant le salaire le plus élevé, et les réclamations sont repoussées. Une grève se déclare dans la mine où ce fait a eu lieu; puis elle se propage; les travaux s'arrêtent partout de gré ou de force; des attroupements se forment; la troupe assaillie à coups de pierre, fait usage de ses armes; plusieurs ouvriers tombent mortellement atteints; de nombreuses arrestations sont suivies de dix-huit condamnations plus ou moins sévères; en un mot, des désordres et des malheurs pour une très mince différence dans les profits.

Une collision plus grave encore arriva en mars 1846

par une cause analogue. Les concessions de houillères de la Loire s'étaient peu à peu fondues en une seule compagnie générale qui, en affermant le canal de Givors et le chemin de fer de Saint-Etienne, se trouvait maîtresse du commerce de la houille dans cette contrée. Des paroles imprudentes prononcées par un des chefs de la Compagnie émurent les ouvriers en leur donnant lieu de croire qu'une réduction de salaire était imminente, et les disposèrent à se mettre en état de défense. En même temps les ouvriers d'une des houillères demandèrent une augmentation de 25 centimes qui fut refusée. Une grève s'ensuivit, et s'étendit de proche en proche dans les autres exploitations du bassin d'Outre-Furens. Comme ce n'était pas sans actes de violence, la force armée, gendarmerie et troupe de ligne, fut requise pour arrêter le désordre et fit des prisonniers que la foule tenta de délivrer quand vint le moment de les emmener à Saint-Etienne. Les pierres volèrent : un feu de peloton étendit morts deux des assaillants ; après que la troupe se fut mise en marche, une nouvelle grêle de projectiles amena un feu de tirailleurs qui abattit dix victimes. A l'heure du procès, le ministère public et le tribunal correctionnel tinrent compte aux vingt-huit ouvriers amenés devant eux, du tort qu'avait eu la Compagnie. Un des considérants du jugement fut conçu en ces termes : « C'est à la suite de propos imprudents échappés au directeur Harmet que les travaux ont été d'abord suspendus, et les prévenus paraissent avoir moins agi dans le but de troubler la sécurité publique et les intérêts des exploitations, que sous l'idée plus ou moins juste de se prémunir contre un abaissement de salaire qui pourrait résulter d'une vaste association projetée par les exploitants, et dont l'opinion publique elle-même s'est émue. » Quatorze des prévenus furent renvoyés de la plainte, et les autres condamnés à l'emprisonnement, savoir deux pendant deux mois, deux pendant un mois et dix pendant quinze jours (1).

L'administration ne se borna pas toujours à prendre des mesures de police et à provoquer des poursuites contre les coalitions d'ouvriers; on la vit plus d'une fois sortir de la neutralité que lui commandaient son devoir et sa dignité pour venir en aide aux maîtres sans aucune nécessité de salut public. En 1845, elle mit à la disposition des entrepreneurs de charpente des soldats qui d'ailleurs ne furent pas en état de remplacer les grévistes; car tout leur manquait, pratique, outils, habits de travail. Cet acte d'autorité peu équitable fut en outre inutile.

(1) *Gazette des Tribunaux*, avril et mai 1846. Un des avocats des prévenus accusa le ministère public d'inertie en n'ayant pas poursuivi la Compagnie elle-même comme coupable de coalition. L'avocat du roi répondit que l'article 414 du Code pénal n'était pas applicable. « Lorsque plusieurs maîtres qui exercent séparément leur industrie, dit-il, s'entendent pour ne payer les uns et les autres qu'un même salaire, il y a coalition. Mais lorsque plusieurs industriels fondent en un seul leurs établissements, il ne peut pas y avoir coalition. L'effet de l'association est d'effacer les personnes des associés pour leur substituer une personne unique, la Société. »

La plupart du temps les coalitions d'ouvriers concordèrent trop peu avec les circonstances du marché pour
avoir du succès ; quelquefois des patrons surpris dans
des moments de presse ou sous le coup d'engagements
à jour fixe, se résignèrent à faire des concessions passa-
gères ; mais on vit aussi plus d'une fois des ouvriers
obtenir en se coalisant des avantages qu'ils eussent pu
attendre longtemps du simple jeu de l'offre et de la
demande, et qui passèrent en coutume. Ainsi en 1822,
la grève des ouvriers charpentiers de Paris leur valut
un salaire de 35 centimes l'heure ; en 1833, une nouvelle grève amena plusieurs condamnations, mais en
même temps une augmentation de 5 centimes, et en
1845, les patrons, tout en faisant punir quelques grévistes, n'en durent pas moins porter le salaire à 50 centimes, taux qui subsista. De même à Denain, en
1846, pendant que des ouvriers mineurs étaient poursuivis et condamnés comme coupables de coalition, la
compagnie d'Anzin accordait une partie de l'augmentation qu'elle avait refusée.

Ce ne fut pas seulement par rapport au prix de la
main-d'œuvre qu'il y eut des coalitions profitables pour
les ouvriers. A Lyon, en 1833, les chefs d'atelier obtinrent par ce moyen des avantages qui sont exposés dans
une plaquette publiée alors par Jules Favre, leur avocat : « Non seulement les fabricants mauvais payeurs
ont consenti une augmentation que le tribunal correctionnel a lui-même qualifiée de légitime, mais d'autres
abus ont disparu. Avant l'association, beaucoup de

négociants, en remettant à l'ouvrier les matières premières, n'inscrivaient point sur son livre les conventions de fabrication, et quelques-uns profitaient de ce silence pour les fausser à leur profit. Maintenant l'inscription est devenue générale. L'enlaçage des cartons était laissé aux frais de l'ouvrier par un grand nombre de maisons; aujourd'hui le fabricant le supporte. » Plus on examine en détail les récits de coalitions, plus on a sujet de s'étonner de l'assurance avec laquelle des économistes ont professé d'une façon absolue que les coalitions n'avaient pour effet que d'empirer la situation des ouvriers et qu'elles ne leur valaient aucun avantage qu'ils n'eussent obtenu sans elles.

IV

Inertie du gouvernement à l'égard des griefs des ouvriers. — Révolution de 1848. — La coalition devant l'Assemblée nationale.
— Discours de Bastiat. — La prohibition est maintenue par
une loi du 27 novembre 1849 qui se borne à établir une égalité
factice entre les patrons et les ouvriers. — Inefficacité de cette
loi.

Le gouvernement aperçut-il les sentiments dangereux qui couvaient chez les ouvriers? étudia-t-il le mal
et chercha-t-il le moyen de le conjurer? Le doute est
permis lorsqu'on lit les mémoires de M. Guizot. Les
idées et les actes qui s'y trouvent exposés relativement
à la période de 1840 à 1848, concernent généralement
le système politique auquel le roi et son ministre étaient
opiniâtrément attachés; les vues ne s'étendent guère
au delà de l'enceinte parlementaire : trouver aux jours
des votes une majorité fidèle et dévouée est le sujet
de préoccupation qui domine. Quant à l'état moral et
matériel de cette multitude qui vivait du travail
manuel et chez qui s'agitaient des passions subversives,
M. Guizot revendique pour le gouvernement de Juillet
l'honneur d'avoir multiplié les caisses d'épargne, organisé l'instruction primaire élémentaire, augmenté le

nombre des conseils de prud'hommes, ouvert des
cours de sciences appliquées aux arts industriels, rendu
des lois sur les brevets d'invention et le travail des
enfants, choses excellentes assurément; mais M. Guizot ne dit pas un mot des principaux griefs des ouvriers,
c'est-à-dire la loi sur les coalitions et les autres dispositions légales qui les tenaient dans une condition infé-
rieure à celle des patrons, soit qu'il n'ait pas jugé ces
griefs assez sérieux pour s'en occuper, soit qu'il ait
considéré que la majorité sur laquelle le pouvoir exé-
cutif s'appuyait dans la chambre élective, ne consenti-
rait pas à les redresser. En attendant, l'orage menaça
de plus en plus. En 1847, la crise financière, l'accroissement du prix des denrées alimentaires, la diminution
des salaires, avivèrent encore davantage le mécontentement et l'agitation parmi les ouvriers des grandes
villes; il ne fallait plus qu'un accident pour amener
l'explosion.

La révolution de février, quoique « faite par le peuple et pour le peuple », selon ses apologistes, n'apporta
point de changement dans les lois relatives aux coalitions, par la raison qu'en France la liberté du travail
n'était pas plus chère aux ouvriers qu'aux patrons. Le
régime protecteur et réglementaire convenait aux uns
comme aux autres ; seulement les uns comme les autres
entendaient qu'il fût appliqué à leur profit exclusif.
Aux yeux de la commission du Luxembourg, il s'agissait de supprimer la concurrence et le salariat, d'organiser le travail en associations ouvrières; or, l'entre-

preneur devant être aboli et le capital asservi, à quoi bon conférer aux ouvriers le droit de coalition dont ils n'auraient pas à faire usage ?

Heureusement le gouvernement provisoire et la commission du Luxembourg disparurent au bout de deux mois ; l'Assemblée constituante écrasa en juin l'armée socialiste, repoussa les doctrines du même bord et rentra dans le vrai en proclamant « l'égalité des rapports entre les patrons et les ouvriers (1). » Puis pour l'application de ce principe, une proposition fut faite par un représentant et soumise au comité des travailleurs, au comité de législation et à une commission spéciale. Il en résulta trois rapports et trois projets de loi qui, sauf des différences secondaires, concordèrent sur ce point capital, que la prohibition des coalitions et la sanction pénale devaient être limitées, comme en Angleterre, aux actes d'intimidation et de violence. Mais avant que l'affaire vînt en discussion, l'Assemblée constituante se sépara ; beaucoup de ses membres furent remplacés par des hommes animés de sentiments différents et irrités par les attitudes menaçantes qu'affectaient à tout propos les socialistes. Il se forma ainsi une coalition de préjugés, d'intérêts et de passions qui réussit à dénaturer le principe inscrit dans la constitution.

Les juristes, imbus des mêmes idées que les rédacteurs du Code civil, repoussèrent le droit de coalition.

(1) Article 13 de la Constitution de 1848.

« Toute liberté, dirent-ils, a pour limites nécessaires
le droit d'autrui, la liberté d'autrui, l'intérêt général
de la société, et à tous ces points de vue, la coalition
doit être prohibée. L'orsqu'un patron ou un ouvrier
agit individuellement, il n'altère pas la liberté du travail. Si un patron veut réduire le prix du travail à un
tel point que les ouvriers préfèrent abandonner son
atelier, il en subit les conséquences ; de même si un
ouvrier élève des prétentions exagérées, le patron peut
le remplacer par un autre moins exigeant. Dans l'un
et l'autre cas la liberté est sauve. Mais quand il existe
un concert pour exercer une pression, soit de la part
des patrons contre les ouvriers, soit de la part des ouvriers contre les patrons, la liberté de la concurrence
et la liberté du travail sont étouffées. Les ouvriers qui
se coalisent se nuisent à eux-mêmes ; la misère est le
seul fruit qu'ils recueillent. Ils nuisent encore à ceux
d'entre eux dont l'ouvrage est lié au leur et qui voudraient continuer de travailler. Les coalitions dimi
nuent le revenu général du pays en interrompant
la production ; elles font souvent passer à l'étranger
des commandes faites à l'industrie nationale ; enfin
elles menacent gravement la paix publique, étant
sujettes à dégénérer en violences, et même en
émeutes (1). »

Bastiat combattit cette argumentation avec la justesse d'esprit qui le distinguait. « Y a-t-il une cons-

(1) Voy. le rapport fait par M. de Vatimesnil et son discours,
Moniteur de 1849.

cience, dit-il, qui puisse admettre que le chômage en lui-même, indépendamment des moyens qu'on emploie, est un délit? On me dit : Cela est vrai quand il s'agit d'un homme isolé, mais cela n'est pas vrai quand il s'agit d'hommes qui se sont associés entre eux. Une action qui est innocente en soi ne peut pas devenir criminelle parce qu'elle se multiplie par un certain nombre d'hommes. Lorsqu'une action est mauvaise en elle-même, je conçois que si cette action est faite par un certain nombre d'individus, on puisse dire qu'il y a aggravation, mais quand elle est innocente en elle-même, elle ne peut pas devenir coupable parce qu'elle est le fait d'un grand nombre d'individus… Il est impossible de dire qu'en lui-même le chômage est un délit. Si un homme a le droit de dire à un autre : Je ne veux pas travailler à telle ou telle condition, deux ou trois mille hommes ont le même droit. On nous dit que le chômage est nuisible au patron, que cela nuit à sa propriété, de manière que l'ouvrier porte atteinte à la liberté du patron. C'est là un renversement d'idées. Quoi! je suis en face d'un patron ; nous débattons le prix ; celui qu'il m'offre ne me convient pas, je me retire, et vous dites que c'est moi qui porte atteinte à la liberté du patron parce que je nuis à son industrie! Faites attention que ce que vous proclamez n'est pas autre chose que l'esclavage. Vous voulez que la loi intervienne, parce que c'est moi qui viole la propriété du patron; ne voyez-vous pas au contraire que c'est le patron qui viole la mienne? S'il fait intervenir la loi pour que sa volonté me soit imposée, où est la liberté, où est l'égalité?

« Vous dites que les ouvriers se font du tort à eux-mêmes en se coalisant. Je suis d'accord avec vous que, dans la plupart des cas, ils se nuisent à eux-mêmes. Mais c'est précisément pour cela que je voudrais qu'ils fussent libres, parce que la liberté leur apprendrait qu'ils se nuisent à eux-mêmes. Vous, vous en tirez cette conséquence qu'il faut que la loi les attache à l'atelier. C'est faire entrer la loi dans une voie bien large et bien dangereuse. Tous les jours vous accusez les socialistes de vouloir faire intervenir la loi en toutes choses, de vouloir effacer la responsabilité personnelle ; tous les jours vous vous plaignez de ce que partout où il y a une souffrance, l'homme invoque la loi et l'État. Quant à moi, je ne veux pas que parce qu'un homme chôme et que par cela même il dévore une partie de ses économies, la loi puisse lui dire : Tu travailleras dans cet atelier, quoiqu'on ne t'offre pas le prix que tu demandes.

« Enfin vous dites qu'il nuit à la société entière. Sans doute, si un homme cesse de travailler dans l'espoir d'obtenir un meilleur taux de salaire dans huit ou dix jours, c'est une déperdition de travail pour la société ; mais que voulez-vous faire ? que la loi remédie à tout ? c'est impossible. Il faudrait alors dire qu'un marchand qui attend pour vendre son café, son sucre, de meilleurs temps, par la suspension qu'il entraîne, nuit à la société ; il faudrait invoquer toujours la loi, toujours l'État. »

Ce fut peine perdue. L'assemblée donnait peu d'attention à l'affaire. Les manufacturiers, maîtres de forges et exploitants de mines, plaidèrent leur cause personnelle. « La coalition, dirent-ils, est un moyen pour les ouvriers d'exiger non seulement des augmentations de salaires légitimes, mais encore d'autres avantages que les chefs d'industrie ne peuvent accorder sans se désarmer contre la concurrence. Or le développement industriel, qu'il importe à un si haut degré d'encourager dans notre pays et qui rencontre tant d'obstacles dans l'insuffisance et la timidité des capitaux, demande avant tout de la sécurité, tandis que la coalition des ouvriers déclarée innocente tiendrait suspendue sur la tête des chefs d'industrie une épée de Damoclès qui menacerait constamment leurs entreprises. »

La prohibition eut le dessus. Le concert, soit entre patrons, soit entre ouvriers, resta punissable; la loi nouvelle ne différa du Code pénal de 1810 qu'en ce que les patrons et les ouvriers furent passibles de peines égales, à savoir, un emprisonnement de six jours à trois mois et une amende de 16 à 10000 francs. Cette égalité était plus factice que réelle; car un ouvrier isolé ne saurait lutter à armes égales contre un patron qui représente à lui seul toute l'entreprise et peut remplacer un ouvrier récalcitrant.

L'effet de la loi nouvelle peut se mesurer d'après les chiffres contenus dans les comptes de la justice criminelle de 1837 à 1849, puis de 1850 à 1864, année où la loi fut réformée. Voici les moyennes que l'on trouve :

	Affaires.	Prévenus.	Condamnés.
De 1837 à 1849	60	358	270
et de 1850 à 1864.	68	416	355

Ainsi les démêlés et les faits délictueux augmentèrent pendant la seconde période. En 1852, 1853 et 1855, les coalitions s'élevèrent aux chiffres les plus élevés qu'elles aient jamais atteints;

	Affaires.	Prévenus.	Condamnés.
1852	86	573	452
1853	109	718	613
1855	168	1182	1065

L'augmentation en 1852 et 1853 proviendrait, selon les documents officiels, de ce que les agents de la police judiciaire mirent beaucoup plus d'activité qu'antérieurement à rechercher et à constater les infractions aux lois. En 1855, la hausse qui arriva dans le prix des denrées alimentaires, l'essor que prirent les grandes entreprises et les fabrications d'objets de toute sorte que nécessita d'urgence la guerre de Crimée, excitèrent naturellement les ouvriers à tâcher d'obtenir de plus fortes rémunérations. Les chefs d'industrie résistèrent de leur mieux; l'autorité intervint, et la répression atteignit son maximum de rigueur : il y eut deux ouvriers condamnés à cinq ans d'emprisonnement, et les condamnations à un an et plus s'élevèrent à 24, le plus haut chiffre de la justice criminelle.

V

Coalitions et grèves sous la loi de 1849. — Sociétés de secours mutuels et sociétés secrètes. — Le poussier de charbon et la fécule dans les bronzes. — Démêlé sur l'emploi des femmes dans la typographie. — Coalitions qui réussissent.

Sous la loi de 1849 comme auparavant, les coalitions et les grèves se formèrent la plupart accidentellement, sans esprit de suite, ni méthode, ni fonds préparés à l'avance. On ne rencontre encore que quelques centres d'action et de résistance créés d'une façon permanente au moyen de sociétés de secours mutuels et de sociétés secrètes.

Les sociétés de secours mutuels ne pouvaient se former sans une autorisation, et l'administration, en l'accordant, admettait seulement la distribution de secours en cas de maladie, d'accidents ou de chomage involontaire ; mais comme ces sociétés disposaient de leurs fonds de cotisations sans que l'emploi en fût soumis à un contrôle, il arrivait parfois que les caisses servaient à alimenter des chômages volontaires. Déjà en 1844, il avait été constaté, à l'occasion d'une grève des ouvriers en papiers peints du faubourg Saint-Antoine, qu'ils avaient subsisté pendant plusieurs mois

sans travailler et écarté, au moyen d'indemnités pécuniaires, les ouvriers que les patrons avaient fait venir
de la province, en puisant dans la caisse de leur Société
de secours mutuels (1).

Un exemple plus curieux se présenta à Cette en 1852.
La Société de secours mutuels formée entre les ouvriers
tonneliers avait ajouté à son règlement approuvé par
l'administration, un supplément occulte concernant
les rapports des sociétaires avec les patrons et dans
lequel se trouvaient mêlées avec des clauses très sages,
celles que voici : « Tout membre qui, lorsqu'il lui
sera dit de se retirer d'un atelier, ne le ferait pas, sera
puni pour la première fois de 5 francs d'amende, et
toujours obligé de se retirer sur-le-champ ; et s'il refusait totalement, et que le maître ne voulût pas le ren-
voyer, le maître et l'ouvrier seront rayés des contrôles
de la Société... Lorsqu'il sera délibéré que tel maître
ne peut pas avoir des ouvriers, tous ceux qui composent son atelier devront se retirer sur-le-champ sans
aucune observation... Les maîtres de boutiques ne
pourront prendre un étranger sous peine d'être rayés
des contrôles pour deux années... Tout maître de
boutique qui n'aura pas signé le tarif ne peut pas avoir
des ouvriers de la Société. » Quant à ce tarif lui-même,
il était dit entre autres choses : « Pour le roulage des
demi-muids, les ouvriers seront tenus de se mettre
trois, et pour les bordelaises deux, ainsi de suite dans

(1) Voy. *Gazette des tribunaux*, 1844.

la proportion des futailles; » disposition analogue à celles qu'avaient adoptées des associations ouvrières du bâtiment en Angleterre. La Société de Cette comprenait la presque totalité des ouvriers tonneliers de cette ville, 760 environ sur 800; elle était divisée en trois sections correspondant avec trois espèces de travail différentes; un bureau central dirigeait les affaires; l'argent ne manquait pas; mais une grève amena des poursuites. Sept membres de la Société furent traduits devant le tribunal de police correctionnelle, et tous ceux qui avaient subi des interdits ou des amendes vinrent à l'envi porter témoignage contre leur persécutrice. Un des prévenus, le président de la Société, fut condamné à cinq mois d'emprisonnement; deux autres, comme secrétaires, à quatre mois; un troisième à trois mois; deux autres à un mois et le septième à vingt jours (1).

Dans la même année, une grève révéla l'existence d'une Société secrète. Des ouvriers occupés dans une imprimerie sur étoffes à Paris, furent mécontents de ce qu'un contre-maître avait amené de Lyon des ouvriers; ils l'injurièrent et furent congédiés. Les autres désertèrent l'établissement. Ceux qui étaient désignés comme meneurs de la grève furent arrêtés, et la police, en faisant des perquisitions dans leurs domiciles, découvrit que les ouvriers imprimeurs sur étoffes de Paris, de Puteaux et de Saint-Denis s'étaient ligués pour la

____

(1) *Gazette des tribunaux*, 25 janvier 1852.

défense de leurs intérêts communs. Chacun de ces trois groupes, sous le nom de division, avait à sa tête un président, et dans d'autres villes de France où il existait des imprimeries semblables, il existait des branches ou sections pourvues chacune aussi d'un président. La haute direction appartenait à un président central qui donnait des instructions aux présidents des divisions et des sections. Chaque président avait auprès de lui un bureau ou conseil délibérant. La discipline était sévère et la caisse bien garnie. La Société fixait le prix et la durée de la journée de travail. En cas de résistance de la part d'un patron, son établissement était mis en interdit. S'il cherchait à se procurer des ouvriers dans une autre ville, le président de la division ou de la section mettait opposition au départ, et si des ouvriers arrivaient néanmoins, ils étaient circonvenus ou maltraités. C'était la division de Paris qui s'était mise en mouvement. Les chefs, au nombre de sept, furent condamnés, savoir : quatre à trois mois de prison, deux à deux mois, et un à un mois ; mais l'association n'en subsista pas moins en secret (1).

En 1855 arriva dans la fabrication des bronzes le fameux démêlé du poussier de charbon avec la fécule. Des ouvriers de plusieurs fabriques demandèrent que le poussier employé pour le moulage fût remplacé par de la fécule, en alléguant qu'il s'accumulait dans les poumons et y occasionnait des altérations souvent mortelles,

______

(1) *Gazette des tribunaux*, 28 novembre 1852.

tandis que la fécule étant plus grosse et plus lourde, tombait dans le moule sans se mêler avec l'air respirable. Les patrons refusèrent. Il s'ensuivit une grève et des poursuites. Le tribunal correctionnel appela devant lui des médecins et des savants qui se divisèrent ; les uns opinèrent contre l'emploi du charbon, les autres soutinrent qu'avec un poussier pur et dans un atelier bien ventilé la santé ne courait aucun danger. Cette dernière opinion fut appuyée par des ouvriers qui vinrent déposer que depuis trente ans et plus, ils maniaient le poussier sans en éprouver le moindre mal. Les fabricants aussi se divisèrent sur la valeur industrielle des deux procédés ; parmi ceux qui déposèrent à l'audience, il y en eut qui soutinrent que la fécule offrait des inconvénients dont le poussier était exempt et qui compromettaient souvent le résultat de la fonte ; d'autres affirmèrent qu'après avoir fait une sorte d'apprentissage sur la fécule, ils étaient parvenus à l'employer sans aucun inconvénient. La grève n'en était pas moins manifeste, et à cette époque les tribunaux correctionnels ménageaient peu les délinquants. Cinq ouvriers furent condamnés à deux ans de prison, vingt à trois mois, quatre à deux mois, d'autres à quinze jours.

La discorde se ralluma en 1858. Des ouvriers se mirent en tête de ne laisser subsister nulle part l'emploi du poussier de charbon, et, ne se bornant pas à faire grève, ils signifièrent aux patrons et aux ouvriers qui usaient encore de ce procédé, qu'ils seraient mis en interdit les uns et les autres s'ils persistaient. C'était déraisonnable. Un des moteurs qui était récidiviste, fut condamné à trois mois de prison, un autre à deux mois, et un troisième à un mois. Ces grèves n'eurent pas d'autre résultat que les condamnations ; le poussier de charbon et la fécule sont restés en présence sans gagner ni perdre du terrain l'un plus que l'autre.

En novembre 1860, ce fut un changement d'usage qui porta le trouble dans un atelier de fonderie. Tout ouvrier qui partait recevait à l'instant le salaire à lui dû ; le patron décida que la paye se ferait désormais le premier lundi de chaque mois, en donnant pour raison que des ouvriers le quittaient uniquement pour toucher leur salaire et qu'il en résultait un mouvement de sortie et d'entrée nuisible à l'ensemble des travaux. Les ouvriers alléguèrent pour leur défense qu'avant de faire ce changement, le patron eût dû les en prévenir, afin de savoir s'ils y consentaient ; ce qui était assez juste. Trois d'entre eux n'en furent pas moins condamnés, un à deux mois de prison, un autre à un mois et le troisième à quinze jours.

Une affaire plus intéressante eut lieu en 1862. M. Dupont, imprimeur à Paris, avait fait construire à Clichy d'autres ateliers dans lesquels l'idée lui vint d'employer des femmes à la composition, et comme c'était contraire à une règle traditionnelle de la typographie parisienne, il prit la précaution d'entretenir de son projet ses ouvriers de Paris. Ceux-ci refusèrent leur assentiment. M. Dupont, dépité de sa déconvenue, répliqua qu'il était maître de ses actions, que les bons ouvriers resteraient et que les mauvais s'en iraient. Les ouvriers invoquèrent l'appui du Comité d'administration de leur Société de secours mutuels, qui préféra se tenir à l'écart. Ils n'en persistèrent pas moins; les ateliers de Paris furent désertés, et sept des ouvriers passèrent devant le tribunal de police correctionnelle. Là ils répondirent à l'interrogatoire qu'ils ne se plaindraient point si le travail des femmes était rétribué autant que celui des hommes; mais qu'il l'était beaucoup moins et que s'il allait croissant, celui des hommes perdrait infailliblement de son prix. « Mieux vaudrait, dit un des prévenus, travailler pour les femmes que de les laisser entrer dans les ateliers. » Le Tribunal usa d'indulgence. Cependant deux des prévenus interjetèrent appel du jugement, et devant la Cour surgit un incident à noter. M. Dupont avait admis les ouvriers de son imprimerie à participer à ses bénéfices; chaque année les parts étaient fixées, inscrites sur les livrets, et le montant en restait placé dans la maison tant que les ayants droit continuaient d'y travailler. Déjà en première instance, un des prévenus à qui le président avait parlé de cette circonstance, avait répondu sèchement qu'il ne fallait pas s'exagérer les libéralités de leur patron, attendu que les parts distribuées chaque année ne dépassaient pas une vingtaine de francs. Les appelants se firent une arme défensive de la participation; ils alléguèrent que M. Dupont, avant d'introduire des femmes dans l'imprimerie de Clichy, avait eu soin de demander l'assentiment des ouvriers, parce qu'en effet ceux-ci étaient associés dans l'entreprise. « M. Dupont, dirent-ils, leur avait lui-même donné ce titre et reconnu cette qualité dans ses discours; en conséquence ils n'avaient point excédé leur droit en refusant d'adhérer à sa proposition.» Sans attacher à cet incident plus d'importance qu'il ne mérite, on y trouve du moins un exemple des mécomptes auxquels est sujette la participation aux bénéfices et dont il sera parlé plus loin dans le chapitre VIII.

Il y eut des coalitions qui réussirent. En 1852, les ouvriers calfats de Saint-Malo qui, en 1846, avaient obtenu une augmentation de salaire à la suite d'une coalition, demandèrent une réduction de la journée de travail. Dix-neuf d'entre eux furent condamnés à l'emprisonnement pendant un nombre de jours variant de quarante à six; mais comme l'ouvrage pressait, les patrons cédèrent, et la réduction de la journée de travail passa dans la coutume comme l'augmentation antérieure, parce qu'elle se trouvait en rapport avec l'état du marché du travail à Saint-Malo. A Paris aussi, des patrons cédèrent à des coalitions pour des travaux dont ils purent élever la rétribution en reportant la différence sur les consommateurs ou en la compensant par quelque économie dans les autres frais de production. En 1862, les ouvriers typographes de Paris dont le salaire avait été fixé par un tarif en 1850, demandèrent collectivement une augmentation à tous les chefs d'établissement, et partout où il leur fut répondu par un refus, le travail cessa. Les ouvriers s'abstinrent soi-

gneusement de toute agitation et de tout désordre ;
néanmoins vingt-deux d'entre eux furent mis en jugement, et quoiqu'ils eussent Berryer pour défenseur, le
tribunal les condamna, mais peu sévèrement. Pendant
ce temps la grève accomplissait son œuvre ; les patrons
se décidaient à augmenter le prix de la composition.
Toutefois le développement des moyens de transport
permit de faire faire à plus bas prix dans les départe-
tements beaucoup d'imprimés qui furent perdus pour
les ouvriers parisiens.

VI

Le procès des ouvriers typographes mentionné ci-
dessus amena un incident qui fit une certaine impression. Pendant les poursuites, les ouvriers s'adressèrent
au ministre du commerce et lui dirent : « Notre salaire
est insuffisant ; nos travaux sont rétribués d'après un
tarif qui n'a pas changé depuis bien des années,
quoique les conditions matérielles de la vie soient devenues beaucoup plus onéreuses. Cependant nos patrons
se refusent aux augmentations que nous demandons,
et la loi nous interdit de quitter de concert nos ateliers.
Que le gouvernement soit notre protecteur, qu'il soit
au moins notre juge ; nous réclamons son arbitrage ;
nous demandons qu'il règle nos salaires ». Le ministre,
naturellement, se récusa ; mais la répression perdit de

sa rigidité. Il en coûtait aux juges de punir indistinctement toutes les coalitions, lors même que les motifs
leur en paraissaient légitimes ; il leur arriva de laisser
voir dans leurs sentences qu'ils ne remplissaient pas
cette obligation sans que leur conscience en souffrît.
Plus d'une fois on vit le tribunal et le ministère public
exprimer leur regret de voir devant eux sur le banc
des prévenus des hommes laborieux et de bonne conduite qui s'étaient concertés pour la défense de leurs
intérêts sans bruit ni violence et qu'il fallait néanmoins
envoyer en prison avec les vrais malfaiteurs.

La loi de 1849 finit par être attaquée ouvertement
devant les pouvoirs publics. En 1862, les ouvriers des
grandes villes manufacturières obtinrent l'autorisation
de choisir parmi eux des délégués qui allèrent visiter
l'exposition universelle de Londres, au moyen d'un
fonds de souscriptions et de subventions. La mission
de ces hommes consistait, en premier lieu, à examiner
les produits, étudier les procédés de fabrication, com-
parer les résultats obtenus dans l'un et l'autre pays, et
en second lieu à s'enquérir des conditions du travail
en Angleterre, afin de se former une opinion sur les
moyens d'améliorer le sort des populations ouvrières
en France. La première de ces deux tâches s'accomplit
avec un soin, une intelligence et un esprit de justice
très remarquables. Quant à l'autre partie de leur mission, les délégués observèrent que les ouvriers anglais
avaient le droit de se concerter pour régler les conditions du travail et de cesser de travailler de concert

pourvu qu'ils ne commissent aucun acte d'intimidation ou de violence. Les délégués constatèrent encore que les salaires des ouvriers anglais étaient plus élevés que ceux des ouvriers français ; ils ne recherchèrent pas si les chiffres recueillis par eux représentaient bien le prix régulier du travail en Angleterre, s'il n'y avait pas d'autres éléments d'appréciation à étudier pour se faire une idée juste de la condition respective des ouvriers dans les deux pays ; de la simple comparaison des chiffres, ils déduisirent qu'ils étaient moins bien rémunérés que leurs voisins, quoique ne valant pas moins, et que cette infériorité tenait à ce que la loi française les empêchait de se concerter pour défendre leurs intérêts.

Ces observations et ces vœux, consignés d'abord dans les rapports que les délégués présentèrent à leurs commettants à leur retour de Londres, furent portés devant le Corps législatif, le 11 février 1863, sous la forme d'un amendement au projet d'adresse et comme une conséquence des principes nouveaux qui avaient été consacrés par les traités de commerce. Mais cet amendement tendait à l'abrogation pure et simple des articles 414, 415 et 416 du Code pénal ; un député objecta avec raison qu'il faudrait cependant se prémunir contre les abus de la coalition, et M. Baroche, président du conseil d'État, intervint à son tour pour faire écarter la proposition. « Les questions de coalitions et de salaires, dit-il, sont fort délicates ; quand la solution n'est pas possible, quand elle est encore moins prochaine, il vaut mieux ne pas agiter de pareilles questions dans une assemblée comme la nôtre et en présence des intérêts divers qu'un tel débat peut exciter. Il n'y a pas de projet en élaboration sur cette matière. La loi de 1849 est et demeure la loi du pays ; il faut la respecter. »

Pendant ce temps, le Sénat avait à délibérer sur une pétition que des prud'hommes de Paris lui avaient présentée pour le même objet. Le 19 février, le rapporteur de la commission, M. de Forcade de la Roquette, relata tous les jugements portés par Faucher et autres économistes contre les coalitions. L'Angleterre, dit-il, en avait fait une expérience décisive ; l'inutilité en était démontrée ; les ouvriers en avaient souffert autant que les patrons ; des industries florissantes en avaient reçu un coup mortel ; tandis que la loi française garantissait le droit individuel, protégeait les ouvriers contre leurs propres entraînements, garantissait avec la paix publique la sécurité des industries. Bref, la pétition fut renvoyée au bureau des renseignements.

Huit mois après apparut un revirement complet. Le 5 novembre, l'empereur ouvrant la session législative, annonça entre autres *réformes jugées opportunes*, un projet qui modifiait la loi sur les coalitions. D'où venait cette déclaration inattendue ? De ce qu'alors toute la politique à l'intérieur dépendait de la volonté d'un seul homme qui ne la faisait connaître que lorsqu'il entendait qu'elle s'accomplît, et en février, les serviteurs de la couronne, entre autres M. de Forcade, s'étaient trouvés pris au dépourvu. La nouvelle décision

se rattachait aux changements apportés depuis 1860 à
la constitution de 1852. L'empereur avait reconnu que
si la docilité du Sénat et du Corps législatif était
commode, d'un autre côté elle avait l'inconvénient de
faire peser sur lui seul toute la responsabilité. L'accroissement continu des dépenses publiques, les complications de la politique extérieure, le malaise occasionné
par des expéditions aventureuses, le réveil du sentiment
libéral, étaient comme autant de voix qui conseillaient
non seulement d'associer davantage les grands corps
de l'État aux actes du gouvernement, mais encore
de s'efforcer de rattacher à la cause de l'empire les
classes ouvrières.

Les organes du gouvernement ne furent pas plus à
court d'arguments pour réformer la loi sur les coalitions qu'ils ne l'avaient été naguère pour la maintenir.
Les débats de 1849 et les discours des opposants fournissaient toute la matière souhaitable. On posa en principe que la coalition simple, c'est-à-dire consistant en
un concert pacifique entre des patrons ou des ouvriers,
n'était pas de soi un fait illicite et condamnable. On
nia, contrairement à l'opinion du législateur de 1849,
que des coalitions simples et même des coalitions
violentes pussent porter une atteinte sérieuse et durable
au libre jeu des lois économiques qui déterminent le
prix du travail. On reconnut que malgré l'égalité ins-
crite dans la loi, les ouvriers se trouvaient de fait dans
une infériorité de condition qui ne leur permettait pas
de défendre isolément leurs intérêts, et que la justice

commandait de les laisser s'unir pour présenter collectivement une demande et sanctionner au besoin leur
résolution commune par une cessation de travail. On
ajouta que cette réforme ne devait inspirer ni défiance
ni inquiétude, l'ordre public étant assuré, et qu'il n'y
avait pas lieu non plus de redouter que les ouvriers
abusassent du droit de coalition, attendu que le ministère public était vigilant et armé de pouvoirs suffisants.

Conformément à cet exposé de motifs, les trois
articles de la loi de 1849 furent remplacés par d'autres
conçus en ces termes : « Sera puni d'un emprisonnement de six jours à trois ans et d'une amende de
16 à 3000 francs, ou de l'une de ces peines seulement,
quiconque, à l'aide de violences, voies de fait, menaces
ou manœuvres frauduleuses, aura amené ou maintenu,
tenté d'amener ou de maintenir, une cessation concertée de travail dans le but de forcer la hausse ou la
baisse des salaires, ou de porter atteinte au libre
exercice de l'industrie ou du travail. Lorsque les faits
punis par l'article précédent auront été commis par
suite d'un plan concerté, les coupables pourront être
mis sous la surveillance de la haute police pendant
deux ans au moins et cinq au plus. Seront punis d'un
emprisonnement de six jours à trois mois et d'une
amende de 16 à 300 francs, ou de l'une de ces peines
seulement, tous ouvriers, patrons et entrepreneurs
d'ouvrage qui à l'aide d'amendes, défenses, proscriptions, interdictions prononcées par suite d'un plan con-

certé, auront porté atteinte au libre exercice de l'industrie ou du travail (1). »

La loi nouvelle mécontenta les chefs d'industrie sans satisfaire les ouvriers. Les premiers lui reprochèrent de compromettre toutes les entreprises en donnant aux ouvriers la liberté d'y porter le trouble à volonté ; ils subirent le droit de coalition comme ils avaient subi les traités de commerce, avec une résignation grosse de rancune. Quant aux ouvriers, le droit qu'ils acquéraient ne leur était guère utile, attendu qu'il leur était interdit de se réunir et de s'associer, par conséquent de diri·· r des grèves et de les soutenir au moyen de fonds de cotisation. Et, chose curieuse, c'était sur cette interdiction que le gouvernement s'était fondé en particulier pour recommander au Corps législatif l'adoption du projet de loi. « Il est de notoriété publique, disaient ses organes, que ce qui a le plus contribué en Angleterre à l'inefficacité de la loi de 1825 contre les abus et les désastres causés par les coalitions d'ouvriers, c'est le point d'appui qu'elles ont trouvé dans la législation sur les réunions publiques et sur les associations. Dans un pays où les ouvriers jouissent, comme tous autres citoyens, d'une manière illimitée du droit de réunion publique, où les coalitions donnent lieu à des meetings, où des milliers d'ouvriers se réunissent quand ils le veulent et où ils le veulent, et où ils entendent les discours les plus passionnés, on comprend quelles

(1) Loi du 25 mai 1864. Dupin la combattit au Sénat par la raison, disait-il, qu'elle portait atteinte à la propriété.

excitations peuvent naître de ces assemblées tumultueuses, quelle pression violente elles peuvent exercer
sur ceux qui en font partie, et comment naissent de là
ces grèves terribles d'ouvriers dont l'Angleterre a donné
le douloureux spectacle..... Notre loi sera plus prudente
que la loi anglaise. Elle continuera à réprimer avec
une sévérité suffisante tout ce qui en cette matière est
véritablement coupable. Et vous savez d'ailleurs que
notre procédure criminelle est simple et fait suivre de
près le délit par la condamnation. Quant au droit de
réunion et d'association, les coalitions ne pourraient
pas s'en faire, en France, un moyen de troubles et de
grèves durables, puisque, d'après la loi générale, applicable à tous les citoyens tant qu'elle restera la loi du
pays, les réunions publiques et les associations ne peuvent pas se former sans la permission de l'autorité. Avec
de telles garanties il n'est pas sérieusement à craindre
que la liberté donnée à ce que nous appelons la coalition
pacifique puisse ouvrir la porte aux coalitions tyranniques et aux grèves tumultueuses (1). »

Les organes du gouvernement avaient promis, en
réponse aux objections de l'opposition, que les préfets
accorderaient les permissions demandées pour des
objets légitimes ; mais les ouvriers n'en dépendaient
pas moins du bon plaisir des préfets et se trouvaient
toujours hors d'état de prolonger la lutte ; inconvénient
qui ne tarda pas à se manifester. En 1865, les ouvriers

(1) Exposé des motifs.

veloutiers de Saint-Étienne, après avoir voté la cessation du travail dans une réunion autorisée, établirent un comité de seize membres chargés de diriger l'entreprise. Aussitôt les six principaux membres furent traduits en police correctionnelle et condamnés pour association illicite, savoir : un à trois mois d'emprisonnement, quatre à deux mois et le sixième à un mois. « Vainement, disait le tribunal dans son jugement, on objecterait que l'association dont il s'agit n'est qu'une coalition licite n'ayant pas le caractère de permanence. La coalition suppose seulement une entente accidentelle, mais non point une organisation de la nature de celle qui est soumise au tribunal, organisation en quelque sorte permanente et d'une durée indéterminée. » Ce jugement fut confirmé par la Cour d'appel, puis par la Cour de cassation. La loi était encore une œuvre manquée.

VII

Coalitions d'ouvriers de 1865 à 1870. — Subsides fournis à des
grévistes par des concurrents de leurs patrons. — Influence
attribuée à l'Association internationale. — Désordres à Roubaix
en 1867 ; grèves sanglantes à la Ricamarie et à Aubin en 1869.

Les coalitions d'ouvriers continuèrent de 1865 à 1870
comme auparavant. En général elles se formèrent
encore accidentellement, sans esprit de suite ni méthode. Quelques-unes seulement offrent des particularités remarquables.

On eut, en juin 1865, le premier spectacle d'un
conflit entre une coalition et un monopole. Dix ans
auparavant, l'administration municipale de Paris avait
trouvé bon de faire avec une société dite Compagnie
impériale des petites voitures, un traité qui conférait à
cette société, moyennant un tarif de prix de transport
et la condition, entre autres, de racheter toutes les
entreprises existantes, le droit exclusif de mettre en
circulation dans Paris des voitures de place ou de remise destinées au transport des personnes et se louant
à l'heure ou à la course (1). Quelques jours avant le

(1) Deux délibérations du Conseil municipal à ce sujet furent
approuvées par un décret du 16 août 1855.

15 juin, des hommes restés inconnus firent savoir dans les diverses stations de Paris que les cochers cesseraient de travailler le 15 si la Compagnie ne se décidait pas avant ce terme à augmenter les salaires. En même temps une lettre anonyme fut adressée dans chaque dépôt à un des cochers pour lui apprendre qu'il était choisi comme délégué du comité central et chargé de faire accepter par la Compagnie un projet de règlement joint à la lettre. La plupart des cochers n'avaient point eu l'idée de se mettre en grève; ils ne savaient d'où venaient les émissaires et les lettres; ils n'avaient aucune connaissance de ce comité central qui donnait ses ordres ; néanmoins tous les cochers de fiacre et le plus grand nombre des cochers de remise obéirent. Un nommé Carbonnel se présenta devant le directeur de la Compagnie en prenant la qualité de délégué du comité, et lui fit connaître les conditions auxquelles le travail serait repris. Il s'agissait d'abolir les moyennes, c'est-à-dire la somme que les cochers étaient tenus de verser chaque jour à la Compagnie, quel que fût le gain de la journée (1); à la place, le délégué demandait un traitement fixe de 6 francs par jour pour quatorze heures de travail et 2 francs pour les services de nuit commandés.

La Compagnie refusa de consentir à ces changements, et comme un journal prenait fait et cause pour

(1) Si la journée avait été mauvaise, les cochers devaient ajouter la somme nécessaire pour atteindre la moyenne, et si la journée avait été bonne, ils ne bénéficiaient pas de la plus-value.

les cochers, le directeur lui exposa dans une lettre les
motifs de ce refus, lesquels se résumaient ainsi qu'il
suit : « La Compagnie avait fait circuler en 1864,
1,035,000 voitures de place et de remise; elle devrait
donc, pour donner aux cochers l'augmentation de
3 francs par jour qu'ils demandaient, s'imposer une
dépense additionnelle de 3,105,000 francs. Or, l'excédant de ses recettes sur ses dépenses n'ayant été que de
2,882,262 francs, non seulement le capital social ne
recevrait aucune rémunération, mais il faudrait encore
que la Compagnie fît un emprunt. La rétribution des
cochers ne pouvait être augmentée qu'au moyen d'une
augmentation du tarif fixé par l'administration municipale en 1855. C'était donc à cette administration et
non à la Compagnie que les cochers auraient dû
s'adresser. » L'embarras sur lequel les grévistes
avaient compté, ne fut pas de longue durée; au bout
de quelques jours, il se trouva des remplaçants pour
conduire un nombre de voitures à peu près suffisant,
et bientôt les vides furent remplis par des cochers qui
rentrèrent au service de la Compagnie aux mêmes
conditions qu'auparavant. L'administration municipale renonça à son système de monopole; un décret du 23 mai 1866 rendit à tout individu la faculté
de mettre en circulation des voitures de place ou de
remise.

En 1867, il y eut à Paris une grève d'ouvriers
tailleurs qui fut un exemple de déraison. Un schisme
s'était formé dans ce métier; les ateliers de confection

étaient entrés en rivalité avec les entreprises de tailleurs
sur mesure et commençaient à leur faire une concurrence redoutable. Ce fut pourtant dans cette con-
joncture que les ouvriers sur mesure exigèrent des
changements qui tendaient à rendre encore plus
difficile la lutte contre la confection. Il eût fallu, pour
les satisfaire, porter le prix de la journée de dix heures
à 7 francs 50 centimes pour tous sans distinction, payer
les travaux faits à la tâche 20 pour cent de plus, et
supprimer l'essayage, c'est-à-dire l'obligation imposée
aux ouvriers qui travaillaient chez eux de porter
chaque vêtement bâti chez le maître tailleur pour que
celui-ci le fît essayer à l'acheteur, et de venir le reprendre pour l'achever en faisant les retouches nécessaires. Les patrons consentirent à renoncer à cette
dernière condition; quant au salaire, ils offrirent une
augmentation que les ouvriers refusèrent jusqu'à ce
que le besoin les contraignit de céder.

Un procès unique en son espèce fut intenté par des
ouvriers contre d'autres ouvriers à l'occasion d'une interdiction ou proscription. Voici comment : Une société
d'ouvriers apprêteurs sur étoffes établie dans le département de la Seine faisait la guerre à tous ceux qui ne
voulaient pas se ranger sous sa domination. Si un patron employait de ces réfractaires, son établissement
était mis en interdit, et défense était faite aux sociétaires
d'y travailler sous peine d'être eux-mêmes frappés
d'interdiction. Une fabrique de Saint-Denis qui avait
encouru une disgrâce semblable, vint à chômer, et deux

des ouvriers se présentèrent dans une fabrique de Puteaux, où se trouvaient quatre membres de la Société. Ceux-ci déclarèrent qu'ils s'en iraient si les nouveaux arrivants étaient reçus. Le patron ne voulut pas céder, et, chose à laquelle les opposants ne s'attendaient guère, les deux ouvriers de Saint-Denis les traduisirent devant le tribunal correctionnel par citation directe, comme coupables d'atteinte au libre exercice du travail, et ils se portèrent parties civiles. Le tribunal leur donna gain de cause par un jugement qui infligea la peine d'un mois d'emprisonnement aux prévenus et les condamna solidairement à payer une somme de 500 francs à chacun des plaignants à titre de dommages-intérêts. C'est la seule fois qu'on ait vu des ouvriers défendre eux-mêmes leur liberté par les voies de droit.

La concurrence commença à s'ingérer dans les coalitions pour les alimenter et en tirer profit au détriment des deux partis. Dans la grève des cochers dont nous venons de parler, ceux-ci reçurent des subsides des entrepreneurs de voitures qui n'avaient pas voulu fusionner avec la Compagnie et qui saisirent cette occasion de lui nuire. Dans une grève des ouvriers chapeliers de Paris, ceux de l'Angleterre s'empressèrent de leur envoyer une somme de 1000 francs comme un témoignage de généreuse confraternité; mais en même temps les chapeaux anglais arrivèrent en France et s'y vendirent à la place des chapeaux français qui ne se fabriquaient plus. Les grévistes finirent par s'apercevoir de leur duperie. Pour le léger subside qu'ils avaient reçu, leur gagne-pain était compromis en entier. La paix se fit avec les patrons.

L'Association internationale, qui faisait beaucoup parler d'elle, fut souvent accusée de susciter et de fomenter des grèves auxquelles, dans le fait, elle était étrangère par deux raisons : l'argent lui manquait pour l'exécution de ses plans, et elle n'eût pas été en état de subvenir aux besoins des grévistes qu'elle eût soulevés; en second lieu la grève n'était à ses yeux qu'un instrument transitoire et secondaire dans la grande œuvre qu'elle se proposait d'accomplir. Ainsi dans le congrès de Bruxelles, en 1868, elle fit cette déclaration : « 1° La grève n'est pas un moyen d'affranchir les travailleurs; seulement elle est souvent une nécessité dans la situation actuelle du travail et du capital; 2° il y a lieu de soumettre la grève à certaines règles, à des conditions d'organisation, d'opportunité et de légitimité. » Et à la suite de ces deux résolutions, le Congrès conseilla de créer sur le continent des sociétés semblables aux Trades'Unions du Royaume-Uni. Les délibérations portèrent principalement sur les moyens de repousser le capital de position en position comme un ennemi, et de réduire les entrepreneurs d'industrie à céder leurs établissements aux ouvriers, ou de consommer leur ruine.

Rien ne prouve que l'Internationale ait provoqué, comme on l'en accusa, les désordres affreux dont la ville de Roubaix fut affligée en 1867. On y reconnaît, au contraire, un mouvement spontané. Les fabricants

de tissus de l'Angleterre avaient trouvé un perfectionnement, au moyen duquel un ouvrier pouvait conduire
deux métiers sans avoir plus de peine que pour en
conduire un seul. Des fabricants de Roubaix voulurent
naturellement employer le même procédé pour soutenir la concurrence; mais ce changement devait
enlever à une partie des ouvriers le nécessaire, au
moins pendant un certain temps; les ouvriers con-
servés avaient à faire un certain apprentissage qui contrariait leurs habitudes; ils n'étaient nullement con-
vaincus qu'un double métier ne leur coûterait pas plus
de peine qu'un seul; de plus ils ne pouvaient voir d'un
œil indifférent le coup qui atteignait leurs camarades.
Ces circonstances commandaient d'user de précautions
et de ménagements; il fallait tâcher d'adoucir par
quelque moyen la situation des ouvriers déplacés, et
donner au moins des explications aux ouvriers conser-
vés, afin de vaincre leurs répugnances, si l'on ne voulait pas aller jusqu'à leur faire quelques gratifications.
Les fabricants agirent comme s'ils n'avaient qu'à commander pour être obéis à l'instant. Dans les premiers
ateliers où les nouveaux métiers furent installés, des
symptômes de mécontentement se manifestèrent par
des imprécations et des menaces. La haine couvait,
lorsque, le 16 mars, au moment de la paye, les ouvriers
trouvèrent affiché dans les ateliers un nouveau règlement qui imposait une amende d'un centime par mi-
nute pendant la première heure d'absence et de 25 centimes par chaque heure suivante. Le moment était mal

choisi pour établir des peines disciplinaires. La colère fit explosion. Les ouvriers hors d'eux-mêmes commencèrent par casser des vitres; puis les portes de plusieurs fabriques furent enfoncées, les métiers brisés, les pièces d'étoffes en travail lacérées; ailleurs les métiers et les matières furent livrés aux flammes. Deux fabricants virent leurs propres maisons d'habitation envahies et mises à sac. Il s'ensuivit 70 condamnations en police correctionnelle et 8 en cour d'assises.

Le sang coula dans une affaire où se manifestèrent la passion politique et l'esprit de sédition. Le 15 juin 1869, le travail cessa subitement dans des houillères du bassin de Saint-Étienne, sans qu'aucune question de salaire ou autre se fût élevée. Il se forma des bandes dans lesquelles se trouvaient avec les mineurs des hommes vêtus autrement. On criait « Vive Bertholon ! A bas de Charpin ! » Or, aux élections récentes, M. de Charpin avait été le candidat du gouvernement, M. Bertholon, celui de l'opposition, et le premier l'avait emporté; ce qui indiquait d'où provenait en grande partie ce mouvement. Les bandes coururent de puits en puits, ordonnant d'arrêter les travaux, d'éteindre les feux, et menaçant, si l'on n'obéissait pas, de briser les machines. Au puits de Morambert, qui était gardé par un détachement de vingt-sept soldats commandés par un lieutenant, il arriva une bande de douze cents individus qui commencèrent par crier « Vivent les militaires ! » afin de flatter les soldats et de les détacher de leur chef. Comme

les soldats se montraient peu sensibles à ce compliment,
les injures et les pierres y succédèrent. Le lieutenant
fit charger les armes et simuler des charges à la bayon-
nette. Ce fut en vain, les émeutiers se précipitaient
sur la pointe des sabres en disant : « Tuez-nous, si vous
l'osez. » Ces scènes durèrent jusqu'à minuit. Le lieutenant s'était décidé à commander le feu en l'air lorsqu'un
renfort vint le dégager.

Des faits plus graves se passèrent près du bourg de la
Ricamarie. Les émeutiers qui se portèrent au puits de
l'Ondaine y trouvèrent un détachement de cent cinquante hommes. Leur attaque fut repoussée ; puis le
commandant, pour en finir, en enveloppa une quarantaine par une évolution rapide et il s'achemina vers Saint-
Étienne avec ses prisonniers dans les rangs. Arrivé
près de la Ricamarie, il lui fallait passer par un chemin
creux et traverser un pont ; il vit des deux côtés les
hauteurs couronnées d'hommes et de femmes, et devant
lui le pont commençait à se remplir de monde. Les plus
hardis descendirent les talus pour délivrer les prisonniers. En même temps une grêle de pierres tomba sur
la troupe ; des coups de feu s'y mêlèrent ; un soldat fut
atteint d'une balle, d'autres de grains de plomb au
visage. Alors la riposte arriva sans commandement ;
les soldats tirèrent, et après que la foule se fut dispersée,
on releva sur le terrain dix morts, neuf hommes et une
femme, avec un assez grand nombre de blessés. Sur
56 prévenus, un fut condamné à un emprisonnement
de 15 mois, et les autres de 7 à 1 mois.

Une autre grève sanglante eut lieu dans l'Aveyron et encore parmi des mineurs. La Compagnie du chemin de fer d'Orléans avait, à cette époque-là, des usines métallurgiques à Aubin et des mines de houille au Gua, village voisin. Les mineurs portèrent plainte contre des agents de la Compagnie auxquels ils reprochaient de ne pas compter exactement les quantités de charbon extraites des mines, et ils réclamèrent en outre contre les retenues qui leur étaient faites pour le schiste mêlé au charbon. Le directeur, ne trouvant pas ces plaintes et ces réclamations fondées, refusa d'y satisfaire. De là des ressentiments et des haines qui éclatèrent le 9 octobre. Une bande nombreuse se porta au siège de la Compagnie à Aubin, s'empara du directeur et l'entraîna vers les mines de Gua pour le noyer, disait-on. Le préfet, survenant à temps, lui sauva la vie ; mais le lendemain matin, les mineurs armés de pioches, de fourches, de haches, se portèrent sur les forges d'Aubin pour arrêter les travaux. Des soldats y étaient postés. Les mineurs furieux de trouver devant eux cette barrière, se ruèrent sur les baïonnettes croisées et s'efforcèrent de les détourner ou de les arracher. Ne pouvant y parvenir, ils reculèrent et firent pleuvoir une grêle de pierres et de débris de fer et de fonte. L'officier et plusieurs soldats furent blessés. Des coups de feu partirent des rangs de la troupe, sans commandement, et dans la foule qu'elle avait devant elle, il y eut quatorze morts et vingt-deux blessés.

Ces deux conflits déplorables dont la responsabilité

appartenait aux meneurs qui les avaient provoqués, tournèrent cependant au détriment de l'Empire. La Ricamarie et Aubin furent deux mots sinistres qui continuèrent jusqu'à sa chute à exciter contre lui de vives haines parmi les travailleurs.

VIII

La question des réunions se ranima en 1866. Le
22 janvier, le discours du trône annonça que l'autorisation de se réunir serait accordée aux personnes qui
en dehors de la politique voudraient délibérer sur leurs
intérêts civils et commerciaux; mais cette autorisation
fut remise à la discrétion de l'administration et elle ne
satisfit nullement les intéressés. Les délégués que les
ouvriers obtinrent la permission d'élire parmi eux
pour étudier l'exposition universelle de 1867 et for-
muler leurs observations, n'omirent pas le chapitre
des réunions dans les rapports qu'ils rédigèrent. « Les
ouvriers, dit l'un d'eux, sont réduits à se concerter par
délégués, et ils se donnent ainsi une organisation
occulte et des chefs. Ne vaudrait-il pas mieux leur
premettre de délibérer ensemble paisiblement? Il n'y

a pas de résolution qui exige plus de réflexion et de maturité que la grève; or, cette résolution est brusquée par la faute de la loi; c'est la colère qui décide. » Ce délégué parlait juste et plus habilement que les ouvriers qui réclamaient le droit de réunion comme un droit naturel et imprescriptible.

M. Devinck avait l'oreille de l'empereur pour les questions ouvrières; il intervint au moyen d'un rapport dans lequel il présenta les observations suivantes :
« Dans la pensée des délégués, des chambres syndicales seraient un moyen d'éviter la grève, véritable plaie de l'industrie qui frappe les ouvriers encore plus que les patrons : lorsqu'une difficulté s'élèverait, il faudrait procéder par voie de conciliation, et la chambre syndicale de la profession se mettrait en rapport avec celle des patrons. Cette demande me paraît fondée. Un certain nombre d'ouvriers, mécontents des conditions offertes à la main-d'œuvre, peuvent être entraînés par quelques-uns d'entre eux qui se disent ou se croient même autorisés à parler au nom de tous. D'un autre côté, ils ne sont, à l'égard des patrons, que des représentants insuffisants, n'ayant auprès de leurs camarades qu'une influence relative. De part et d'autre il ne peut y avoir de confiance absolue dans les personnes qui viennent ainsi s'interposer.

« Une chambre syndicale présente des avantages incontestables. Des hommes choisis comme les plus capables, avant la naissance de la difficulté, agissant ouvertement, tenus de rendre compte de leur mandat, offrent bien plus de garanties que d'autres, désignés précipitamment au moment de l'effervescence, se concertant en secret, ou n'encourant aucune responsabilité morale. Mais si les syndicats peuvent produire de bons effets, c'est à la condition de ne porter aucune atteinte à la liberté, ni à celle du patron, ni à celle de l'ouvrier; c'est une voie facultative à ouvrir, et non pas une obligation à imposer. Chacun doit être libre d'entrer dans une chambre syndicale ou de rester en dehors. »

Ces observations ne furent point agréées. L'empereur fit seulement porter au Corps législatif un projet de loi qui concédait le droit de réunion avec de grandes restrictions. « Ce projet, était-il dit dans l'exposé des motifs, n'a pour but de modifier ni les prescriptions des articles 291 à 294 du Code pénal ni celles de la loi du 13 avril 1834 qui atteignent les associations illicites. Il ne s'applique qu'aux réunions publiques se produisant à l'état de fait accidentel et temporaire, sans les caractères de permanence et d'organisation qui constituent une association. Les sociétés de toute nature, ainsi que les réunions qui en se perpétuant ou en s'affiliant à d'autres, se transformeraient en véritables associations, resteront soumises, comme par le passé, à la législation actuelle. » Néanmoins, il suffisait que ce projet dérogeât au régime établi en 1852 pour rencontrer de la défiance et de la répugnance de la part d'un grand nombre d'impérialistes. La présentation eut lieu le 13 mars 1867, et l'accueil fut si froid que la discussion ne s'engagea pas avant le 12 mars de l'année suivante. En somme, le droit de réunion tel qu'il fut limité et réglementé, n'eut aucune utilité pour les ouvriers; il leur manquait toujours la faculté de se donner, comme les associations ouvrières de l'Angleterre, des comités de direction, des agents permanents, des caisses sociales et des règlements à leurs risques et périls.

Le gouvernement impérial eut aussi la pensée de contenter les ouvriers en encourageant l'association qui hantait toujours leurs esprits et dont leurs organes chantaient les louanges en toute occasion. Le nom était changé; pour rajeunir la chose, on employait les dénominations nouvelles de coopération, de société coopérative, de système coopératif. On annonça qu'il en existait de nombreux modèles en Angleterre et en Allemagne; les Pionniers charitables de Rochdale furent célébrés dans vingt écrits, dans vingt discours. Les pouvoirs publics, la bourgeoisie, la presse semblèrent s'éprendre de cette idée. Pour en faciliter la réalisation, le gouvernement fit rendre une loi sur les sociétés à capital variable. L'empereur fournit des fonds sur sa cassette. Des capitalistes fondèrent une banque au capital de cent mille francs, et s'associèrent avec des ouvriers pour faire une propagande active en faveur de la nouvelle institution qui devait amener le règne de la paix dans l'industrie. Tout ce mouvement ne reposait que sur des illusions. Il était faux que la coopération de production fût répandue en Allemagne et en Angleterre; c'étaient des sociétés de crédit qui avaient été fondées dans le premier de ces pays, et nous avons montré plus haut à quoi se réduisait la coopération de production dans le second. Quel que soit le nom qu'on donne à ces entreprises, et supposé qu'elles soient pourvues de capitaux suffisants et de gérants capables, elles ont à surmonter des difficultés particulières à leur nature : le travail doit être plus assidu; il faut se mettre à l'œuvre corps et âme, observer la discipline, marcher d'accord; combien devait-il se trouver chez nous d'ouvriers disposés à vivre sous un tel régime? Mais supposé encore qu'une société surmonte ces difficultés et que ses affaires prospèrent, elle prend alors des auxiliaires de plus en plus nombreux et dont la condition est la même que chez les entrepreneurs ordinaires. Ou la coopération reste chétive, ou elle dévie de son principe, et dans l'un ou l'autre cas, elle est sans profit pour la masse des travailleurs et sans influence sur les coalitions (1).

La participation des ouvriers aux bénéfices des entreprises eut aussi sa part de vogue. Ce fut le texte d'un grand nombre d'écrits et de discours où Leclaire, Dupont, Godin et autres chefs d'établissements furent signalés comme des régénérateurs de l'industrie et des modèles à suivre. On s'enflamma; dans une conférence à la Sorbonne, puis dans une brochure, M. Charles Robert, conseiller d'État, annonça *urbi et*

---

(1) De plus amples explications se trouvent ci-dessus, page 101.

orbi « la suppression des grèves par l'association aux
bénéfices ! » Ces manifestations avaient l'énorme inconvénient de donner à penser que ceux des industriels qui ne s'empressaient pas d'y adhérer, s'abste-
naient par égoïsme et par cupidité, tandis que la
participation aux bénéfices ne peut donner des résultats
avantageux que dans certaines conditions et dans certaines limites. Les prôneurs de ce système l'ont con-
fondu sous la même étiquette avec des encouragements
de différentes sortes qui n'ont aucun rapport avec lui.
Ainsi l'usage est établi depuis longtemps dans beaucoup
d'industries d'allouer aux ouvriers des primes pour
obtenir d'eux soit une plus grande somme de travail
dans un temps donné, soit de l'économie dans l'emploi
des matières premières ou du combustible, soit du soin
pour ménager le matériel. Dans certains endroits les
primes se donnent à tout le personnel, soit d'une fabrique, soit d'un atelier où la production a dépassé une
moyenne déterminée, dans la double intention d'encourager les bons ouvriers, et de tâcher d'éveiller chez les
autres les qualités dont ils ne donnent pas de preuves.
Or, ces encouragements sont un don fait par le patron à titre gracieux, et mesuré par lui selon l'effet
moral qu'il veut produire. Ils ne sont pas obligatoires
comme la participation qui repose sur un engagement
contracté par le patron, et ils ne dépendent pas comme
elle de la quantité d'affaires faites pendant une année,
puisque le patron les règle à son gré, quels que soient
ses profits ou ses pertes.

Il est faux qu'en général les chefs d'industrie fassent toujours d'assez gros bénéfices pour pouvoir s'engager à en distribuer telle ou telle portion à leurs ouvriers. Le travail est sujet à des vicissitudes qui font succéder à de bonnes années des années moins bonnes et des années mauvaises. Une année prospère peut ne procurer que le nécessaire pour combler le déficit de l'année antérieure. Telle industrie ne donne pas autant de bénéfices que telle autre. En général on ne soutient la concurrence au dehors qu'en les restreignant à l'extrême. Or, après que les ouvriers auront été leurrés de l'espoir d'obtenir chaque année une somme satisfaisante, quelle sera l'impression qu'ils éprouveront si la distribution est exiguë ou remise au futur contingent? Verra-t-on alors cette ardeur à l'ouvrage, cet attachement, et cette gratitude qu'on aura visé à leur inspirer? Naturellement ils se comporteront comme des hommes désappointés, et le chef d'établissement sera heureux si leur déconvenue ne lui est pas imputée comme tenant à de la malhabileté ou à de la déloyauté de sa part. Dans la maison Leclaire, l'assemblée générale nomme chaque année des commissaires qui prennent connaissance de l'inventaire, et constatent la régularité du partage; mais ailleurs quel est le chef d'établissement qui pourrait se mettre dans une pareille dépendance? « Je n'admets pas, disait M. Charles Robert, l'immixtion des ouvriers sous prétexte de contrôle dans le détail des comptes. » Soit; cette immixtion est impraticable; mais sans elle, la porte est ouverte aux mauvaises interprétations. Dans l'imprimerie Chaix les participants sont tenus de s'en rapporter aux décisions du conseil d'administration, et il n'en résulte point de désagrément parce que l'établissement a un courant d'affaires constant qui lui permet jusqu'à présent d'allouer chaque année la même somme aux participants. C'est un avantage exceptionnel.

Autre inconvénient : quand la participation s'introduit dans un établissement, les ouvriers alors employés sont admis tous indistinctement à en profiter; mais quand les affaires se développent, les ouvriers deviennent plus nombreux et les bénéfices ne s'accroissent pas en proportion. Il faut donc de deux choses l'une, ou réduire les parts ou exclure du partage les nouveaux venus. Dans la compagnie du chemin de fer d'Orléans, les parts qui avaient été fixées à 15 pour cent dans l'origine ont diminué de plus en plus à mesure que le réseau s'est étendu, et là comme partout où ce fait se produit, la participation perd nécessairement son efficacité. Lorsque les nouveaux ouvriers sont exclus, il se forme à côté des anciens un groupe d'auxiliaires souvent beaucoup plus nombreux qui n'ont pas sujet de prendre le même intérêt à l'entreprise et dont la condition n'est point améliorée.

En somme, la participation aux bénéfices ne profite qu'à quelques groupes d'ouvriers privilégiés. Elle n'atteint pas la masse et n'a pas la puissance préventive qu'on lui a attribuée contre les coalitions et les grèves.

IX

Coalitions et grèves de 1871 à 1884.

Après la révolution de 1870 et le renversement de
la Commune, la France donna le noble spectacle d'un
peuple vaincu, mais laborieux et économe, qui se
remettait au travail pour réparer les désastres attirés
sur lui par quelques insensés. La production et l'é-
change marchèrent si heureusement pendant une
suite d'années, que le pays se ressentit moins que tout
autre de la crise économique qui sévit en 1875 dans
tout le monde civilisé. Les coalitions et les grèves ne
furent ni plus ni moins nombreuses qu'auparavant.
Beaucoup d'entre elles comptèrent très peu d'adhérents
et durèrent très peu de temps, souvent deux ou trois
jours. Tantôt les ouvriers qui prirent l'initiative, ne
parvinrent pas à mettre en mouvement leurs camarades ; tantôt les ouvriers qui quittèrent un atelier,
firent bientôt les réflexions et les calculs qu'ils eussent
dû faire auparavant. En 1878, on vit les ouvriers mineurs d'Anzin reconnaître au bout de quelques jours
de chômage que l'état des affaires ne permettait pas
de leur accorder une augmentation de salaire qu'ils

avaient demandée. Les cochers de la Compagnie des petites voitures de Paris reprirent aussi leur service dès qu'ils virent leur chômage tourner au profit des cochers des autres entreprises.

Il y eut des coalitions qui réussirent. A Paris, après que le conseil municipal eut apporté à la série des prix des travaux exécutés pour le compte de la Ville des augmentations plus ou moins justifiées, tous les ouvriers, tant ceux des adjudicataires que ceux des autres entrepreneurs voulurent profiter de cette largesse. Puis de proche en proche des exigences semblables se manifestèrent dans d'autres métiers où les patrons cédèrent lorsqu'ils eurent l'assurance de pouvoir compenser la différence, soit en la reportant sur les consommateurs, soit en réduisant par quelque moyen les autres frais de production. A Lyon, en 1879, ce fut contre une réduction du prix de façon des tissus qu'une grève eut lieu, et elle réussit. A la même époque, les travaux des ports, les transports et les travaux du bâtiment à Marseille prirent un surcroît d'activité que les ouvriers mirent à profit. Leurs demandes eurent principalement pour but d'obtenir une réduction dans la durée de la journée de travail, et une augmentation dans le prix des heures supplémentaires et du travail de nuit. Les entrepreneurs, se voyant hors d'état de résister, entrèrent en accommodement.

D'après les comptes de la justice criminelle de 1865 à 1883, le nombre des procès pour atteintes à la liberté de l'industrie ou du travail fut en moyenne de 50, celui des prévenus de 149 et celui des condamnés de 134.

Une demi-douzaine d'affaires méritent d'être particulièrement notées.

En 1880, les ouvriers mineurs d'une houillère de l'arrondissement de Saint-Étienne se mirent en grève, malgré leur chambre syndicale qui fit de son mieux pour les en empêcher. Malgré elle aussi ces ouvriers se portèrent sur deux autres houillères et y arrêtèrent les travaux, en intimidant les ouvriers et en mettant les machines hors d'état de fonctionner. Mais les forges voisines avaient besoin de combustible; si la grève se prolongeait, c'était la misère pour plus d'une famille; aussi les forgerons se prononcèrent-ils hautement contre les mineurs, et la colère qu'ils manifestèrent menaçait d'amener une collision, lorsque le préfet et le procureur de la République se présentèrent devant les groupes d'émeutiers et leur firent entendre le langage de la raison. Les meneurs voyant la plupart de leurs adhérents se détacher d'eux, s'éloignèrent pour se soustraire aux poursuites. La grève n'avait duré que cinq jours.

Une autre affaire montra l'esprit de monopole et de tyrannie qui régnait chez une partie des ouvriers chapeliers de Paris. Une société de secours mutuels formée entre des ouvriers de ce métier, avait été dissoute en 1865 pour avoir employé ses fonds à soutenir une grève. En 1867 elle obtint une nouvelle autorisation, et elle en usa, après l'avènement de la République, pour se faire la dominatrice de la chapellerie parisienne, régentant, taxant, faisant la guerre à tous ceux, ouvriers ou patrons, qui ne voulaient pas subir son joug. Un fabricant qui possédait deux établissements, l'un rue Simon-Lefranc et l'autre rue Vitruve, fut contraint, après une longue résistance, de se soumettre quant au premier de ces établissements, d'adopter les prix fixés par la société, et de n'accepter que des ouvriers agréés par elle. L'établissement de la rue Vitruve conserva son indépendance parce que le travail s'y faisait en grande partie par des moyens mécaniques; il s'y trouvait des ouvriers appartenant à la société et d'autres jouissant de leur liberté; le taux des salaires s'y débattait de gré à gré. Tout à coup pendant le mois d'août 1880, un tarif élaboré par la société fut présenté au fabricant avec sommation de s'y conformer. Il refusa; 38 ouvriers qui n'appartenaient pas à la société continuèrent de travailler aux mêmes conditions; sur les 27 qui lui appartenaient, 15 restèrent aussi; 12 seulement se retirèrent. Le travail marcha ainsi pendant un mois au bout duquel la société en assemblée générale vota une résolution ainsi conçue : « Les ouvriers chapeliers de Paris, mettant en application le principe de la solidarité, décident : la maison Crespin et Cte qui a deux ateliers à Paris, dont l'un rue Vitruve, et l'autre rue Simon-Lefranc, refusant le tarif de la société pour l'atelier de la rue Vitruve, les ouvriers de la rue Simon-Lefranc, bien que payés au tarif, quittent le travail jusqu'à l'acceptation du tarif pour leurs camarades. En conséquence, les ouvriers chapeliers et toutes les sociétés ouvrières chapelières sont invités à ne pas accepter les offres et demandes ayant pour but de venir remplacer les ouvriers en grève. »

Les sociétaires de l'atelier de la rue Simon-Lefranc n'obéirent pas tous à cette résolution. Dix-sept d'entre eux protestèrent; s'ils s'étaient engagés, disaient-ils, à ne pas travailler dans un atelier où les tarifs ne seraient pas appliqués, ils n'avaient jamais entendu que la société pût leur défendre arbitrairement de travailler dans un atelier où les tarifs étaient suivis. Il leur fut signifié par le bureau que s'ils persistaient, ils seraient exclus de la société; ce qui entraînait non seulement la perte des cotisations qu'ils avaient versées, mais encore la certitude de ne pouvoir entrer dans aucun des établissements soumis à la domination de la société. Cependant dix de ces ouvriers ne faiblirent point; ils restèrent dans leur atelier et une sentence d'exclusion fut rendue contre eux. Alors le fabricant porta plainte et se constitua partie civile. Les huit membres du bureau furent traduits devant le tribunal de police correctionnelle qui les condamna chacun solidairement par corps à 25 francs d'amende, et à payer solidairement par corps au fabricant une somme de 500 francs à titre de dommages-intérêts, avec insertion du jugement dans huit journaux au choix du fabricant. Une autre conséquence que ces hommes n'avaient pas prévue, fut que les fabricants établirent dans les départements des ateliers où la chapellerie commune passa au détriment des ouvriers parisiens.

Le même esprit se manifesta chez les ouvriers en meubles sculptés du faubourg Saint-Antoine. Au mois de juin 1880, les patrons, pour éviter une grève imminente, avaient consenti à payer 75 centimes par heure de travail à la journée; quant au travail à la tâche, il avait été décidé qu'une commission mixte de patrons et d'ouvriers fixerait les prix qui n'auraient pas été convenus avant le commencement de l'ouvrage, afin qu'en cas de contestation les parties n'eussent pas besoin de recourir au Conseil de prud'hommes. Au bout de quelques mois, les ouvriers voulurent que la commission fixât le prix de toute pièce achevée, quand même l'ouvrier et le patron l'auraient fixé eux-mêmes avant la mise en œuvre. Bien plus, ils voulurent qu'en cas de désaccord entre les membres de la commission, les ouvriers de l'atelier fussent appelés à voter au scrutin secret, sans discussion, quel que fût le nombre des ouvriers présents, entre les prix fixés dans la commission par les patrons et les prix fixés par les ouvriers, et que la majorité fît loi. Les premiers patrons qui refusèrent d'acquiescer à cette prétention furent mis en interdit. Les autres prirent le parti de fermer leurs ateliers en déclarant qu'ils ne les rouvriraient pas avant que l'interdit ne fût levé, et ils dénoncèrent en entier la convention faite au mois de juin. Les exigences des ouvriers étaient déraisonnables autant à l'égard de l'augmentation du salaire à la journée qu'à l'égard de la fixation du prix du travail à la tâche, attendu que la vente des meubles sculptés commençait à décliner. La fabrication continuait à se faire à la main en très grande partie, tandis que les étrangers employaient sur une grande échelle des moyens mécaniques qui les mettaient à même de fournir à la consommation des produits à plus bas prix.

On vit en 1883 un essai d'assistance internationale qui eut peu de succès. Les tourneurs des fabriques de porcelaine de Limoges entrèrent en querelle avec les patrons au sujet du prix de façon des soucoupes et se mirent en grève. Il en résulta que tous les autres ouvriers en porcelaine furent privés d'occupation et que 5,000 hommes, femmes et enfants, tombèrent dans la détresse. Afin de se procurer les ressources qui leur manquaient, les grévistes imaginèrent de se mettre en communication avec un conseiller municipal de Montmartre, qui fit un appel aux associations ouvrières de l'Angleterre et leur demanda une subvention ou un emprunt. Il arriva pour toute assistance 625 francs de la part des mécaniciens, 175 francs de la part des emballeurs, et 155 francs de la part des peintres décorateurs, total 955 francs! Le conseil municipal de Limoges vota 28,000 francs pour donner du pain aux milliers de victimes de la grève plutôt que pour soutenir les grévistes eux-mêmes. Ces derniers se trouvant dénués de toute ressource au bout de deux mois de lutte inutile, entrèrent en pourparlers avec les patrons; des concessions se firent de part et d'autre, et le travail reprit son cours. Combien il eût mieux valu commencer par là et ne pas trahir l'intérêt national en soutenant une guerre intestine avec l'argent de l'étranger !

D'autres ouvriers se coalisèrent pour des objets plus raisonnables. En 1882, les mineurs de la Grand'-Combe et de Bessèges demandèrent que les caisses de secours établies par la Compagnie cessassent d'être gérées par ses agents et le fussent désormais par des délégués des ouvriers. La Compagnie avait eu deux motifs pour se réserver cette gestion : les ouvriers lui avaient paru peu capables de tenir une comptabilité en règle, et elle avait craint que, remises entre leurs mains, les caisses de secours ne se transformassent en caisses de chômage volontaire. Mais il eût fallu que la Compagnie, pour justifier sa mesure de précaution, contribuât au moins par des allocations ou des subventions fixes, tandis que les ouvriers étaient seuls tenus d'alimenter les caisses par des retenues sur les salaires auxquelles se joignait le produit des amendes. On ne pouvait donc avec justice leur contester le droit de gérer eux-mêmes les fonds qui leur appartenaient en propre. Si les exploitants versent des sommes fixes dans une caisse semblable, c'est une raison seulement pour que la gestion soit mixte, c'est-à-dire soumise au contrôle de plusieurs délégués des ouvriers; pour que ces derniers la laissent absolument à l'exploitant sans qu'il en résulte de contestations, il faut qu'ils aient en lui une très grande confiance, chose rare, ou un très grand intérêt à s'abstenir de toute intervention.

Les mêmes mineurs demandèrent aussi que la Compagnie supprimât ses magasins de denrées, c'est-à-dire qu'elle cessât d'en vendre aux ouvriers à crédit et de leur en retenir le prix sur leurs salaires. Ce procédé est interdit en Angleterre depuis cinquante ans, à cause des abus qu'il entraînait. Quand même l'intention du patron serait excellente, elle court le risque d'être dénaturée par les agents chargés de l'exécution; la facilité offerte aux ouvriers de se procurer sans bourse délier les choses qui leur conviennent, les pousse à prendre plus que le nécessaire; le moment où les retenues arrivent est celui des mécomptes, des soupçons, des plaintes, qui altèrent pour toujours l'accord entre les parties. Le mode de paiement doit être aussi net que possible, et le mieux est d'échanger une somme d'argent déterminée contre une quantité déterminée de travail ou d'ouvrage fait.

En 1884, ce fut dans le département du Nord que l'industrie houillère fut affligée d'une grève qui fit un bruit énorme sans avoir par elle-même un caractère extraordinaire, mais parce que l'extrême-gauche et les collectivistes s'en firent un instrument de guerre, les uns contre le ministère, les autres contre l'ordre social. Le mal eut deux origines. Après la guerre avec l'Allemagne, la métallurgie, la fabrication des tissus et la sucrerie indigène prirent dans le nord de la

France un essor qui nécessita de grands approvision-
nements de houille. Pendant plusieurs années la Compagnie d'Anzin fit de brillantes affaires et distribua
de gros dividendes. Malheureusement la production
ne s'accrut qu'en se déréglant : au lieu de creuser plus
profondément les puits, d'en ouvrir de nouveaux et
d'assurer une extraction régulière par des travaux
méthodiques d'installation et d'aménagement, on
prolongea démesurément les galeries existantes afin
de vendre tout le charbon qui se trouvait sous la main.
A mesure que l'abatage avançait, il fallait plus de
monde pour entretenir les galeries et transporter la
houille vers les puits, et cette partie du personnel
s'accrut jusqu'à dépasser de beaucoup le nombre des
ouvriers employés au travail d'excavation.

Les vices de ce régime se firent sentir lorsque la concurrence du Pas-de-Calais, de l'Angleterre et de la
Belgique fit baisser les prix de vente. L'heure était
venue de reprendre une marche plus rationnelle;
mais pour le moment la Compagnie visa seulement
à réduire ses frais, et les ouvriers furent informés que
dorénavant les mineurs occupés à l'abatage auraient
à entretenir les galeries moyennant un supplément
de salaire. Une partie des raccommodeurs de galeries
devait passer à l'abatage et aux travaux préparatoires;
les autres recevraient une demi-solde pendant six mois
et ensuite leur pension serait liquidée (1).

---

(1) La pension est en moyenne de 242 francs.

Cet arrangement ne convint point aux ouvriers. Ils firent observer non sans raison que si la compagnie avait mal dirigé son exploitation, ce n'était pas eux qui devaient *payer les pots cassés*; ils ajoutèrent qu'elle avait gagné assez d'or pour ne pas être réduite à faire à leur préjudice de pareilles réformes; qu'elle pouvait alléger ses charges en diminuant les gros traitements. Au mécontentement qu'ils éprouvaient d'avoir à changer leurs habitudes, se joignait le chagrin de voir des camarades privés de travail, et ce sentiment était d'autant plus vif qu'il n'est pas rare de voir dans la même mine des hommes, des jeunes gens et des enfants parents à des degrés divers.

L'autre origine de la grève remontait à la création d'une chambre syndicale qui avait eu lieu en 1862.

D'après ses statuts, cette association devait : 1° *s'occuper à ce que le salaire fût fixé en tenant compte des fatigues et des dangers* du métier, et à ce que la journée de travail *fût ramenée à huit heures effectives;* 2° s'occuper des différends individuels ou collectifs qui pourraient s'élever entre les sociétaires et les compagnies de mines; l'association devait *prendre en main la cause de son adhérent si elle la reconnaissait juste,* et essayer d'obtenir une solution amiable; si elle n'y parvenait pas et qu'il fallût plaider, elle devait supporter les frais du procès. Ces arrangements étaient parfaitement légitimes; mais la Compagnie eut ses raisons pour en être peu satisfaite. Voici comment :

L'abatage se fait à la tâche et de deux façons; tantôt l'ouvrier est payé par berline de charbon qu'il fournit, et le prix est fixé par quinzaine sur l'avis des agents de la Compagnie; tantôt un groupe d'ouvriers s'associe pour exécuter un ouvrage qui lui est adjugé par contrat pour plusieurs mois, à un prix débattu et librement consenti; c'est ce qu'on appelle le marchandage. Or, la chambre syndicale recevait les plaintes des ouvriers qui avaient des différends avec la Compagnie; elle était consultée à l'occasion des adjudications; elle délibérait et donnait son avis. Les ouvriers en majorité accusaient le marchandage de leur être préjudiciable; ils objectaient contre l'abatage à la tâche que lorsqu'un ouvrier trouvait une bonne veine, les agents de la Compagnie réduisaient le prix à la quinzaine suivante; l'idée dominante était d'arriver à l'égalité des salaires par journée de huit heures, et la chambre syndicale appuyait ce mouvement. Il existait ainsi des germes de discorde qui devaient tôt ou tard éclater en guerre ouverte.

La grève commença le 21 février et dura jusqu'au 17 avril. Après l'avoir décidée, la chambre syndicale élut des délégués qu'elle chargea de délibérer et d'agir en son nom. La Compagnie, de son côté, rendit leurs livrets aux ouvriers qui s'étaient signalés par leur hostilité contre elle et leur signifia qu'ils ne seraient jamais réintégrés; ce qui dans l'état des esprits n'était guère favorable à un rapprochement. Les travaux ne s'interrompirent pas complètement. Sur les 11,855 ouvriers

employés au service du fond, il en descendit encore
7,263 le 21 février et 4,625 le 22; on n'en compta plus
que 799 le 24, et cette baisse continua jusqu'au 22 mars;
puis arriva une reprise qui alla croissant; il descendit
2,835 ouvriers le 12 avril, et 6,135 le 17. Les machinistes
refusèrent de concourir à la grève. Les délégués et
un député de Valenciennes, M. Giard, demandèrent au
ministre des travaux publics d'intervenir en faveur
des ouvriers; le ministre répondit que ce serait inutile, puisque la compagnie était déterminée à ne pas
revenir sur sa décision. Puis un groupe de députés
élus dans des régions minières demanda que le gouvernement examinât les points suivants : 1° si, par
un abaissement de salaires, la Compagnie d'Anzin met
ses ouvriers dans l'obligation d'abandonner les travaux, le gouvernement ne peut-il user de l'article 10
de la loi du 21 avril 1810? 2° ne convient-il pas de se
préoccuper des besoins des consommateurs et d'avoir
recours à l'article 49 de la loi du 27 avril 1838?
Or, voici le texte de ces articles : Si l'exploitation est
restreinte ou suspendue de manière à inquiéter
la sûreté publique ou les besoins des consommateurs,
les préfets, après avoir entendu les propriétaires, en
rendront compte au ministre de l'intérieur pour y
être pourvu ainsi qu'il appartiendra. Si l'exploitation
compromet la sûreté publique, la conservation des
puits, la solidité des travaux, la sûreté des ouvriers
mineurs ou des habitations de la surface, il y sera
pourvu par le préfet, ainsi qu'il est pratiqué en matière

de grande voirie et selon les lois (art. 49 et 50 de la loi de 1810). Dans les cas prévus ci-dessus, le ministre peut retirer la concession sauf recours au conseil d'État (art. 9 et 10 de la loi de 1838). Évidemment ces dispositions n'avaient rien d'applicable à une suspension de travail occasionnée par un démêlé entre un concessionnaire et ses ouvriers.

En Angleterre l'idée ne fût venue à personne de demander au gouvernement d'intervenir dans des questions de ce genre; mais en France, où pendant des siècles le gouvernement s'était ingéré dans le règlement des conditions du travail et toujours à l'avantage des maîtres, il pouvait arriver à des ouvriers de se figurer que si le gouvernement ne faisait pas acte d'autorité conformément à leurs vœux, c'était absolument par esprit de partialité pour la Compagnie. Au surplus, les délégués s'irritèrent de leur insuccès; ils déclarèrent qu'ils ne souscriraient à aucun arrangement tant que tous les ouvriers congédiés ne seraient pas réintégrés et employés comme auparavant. L'extrême-gauche et la presse intransigeante vinrent à leur aide; c'était une occasion favorable pour accuser la majorité de connivence avec la cupidité des exploitants de mines, et pour gagner des suffrages parmi les travailleurs. Des souscriptions s'ouvrirent en faveur des grévistes. On publia que la Compagnie avait provoqué la grève pour détruire la chambre syndicale, que les ouvriers congédiés l'avaient été parce qu'ils étaient de fermes républicains, tandis que la Compagnie était orléaniste. Dans

une réunion publique à la salle Lévis, le 22 mars,
M. Giard attaqua la Compagnie d'Anzin, les concessions de mines, la Chambre des députés qu'il qualifia
de Chambre bourgeoise et pourrie. M. Laguerre dis-
courut avec non moins de virulence : « Si les travailleurs socialistes, dit-il, sont impuissants à fournir la
somme nécessaire aux mineurs pendant un ou deux
mois, c'est que la démocratie est indigne de la République (1). » Puis sur la proposition de M. Eudes, l'ancien
général de la Commune, la réunion vota un ordre du
jour conçu en ces termes : « Les citoyens réunis en
meeting envoient aux mineurs d'Anzin l'expression de
leur profonde sympathie et l'assurance de leur solidarité. Ils s'unissent à eux dans leur protestation contre
la Compagnie orléaniste qui les réduit depuis des
années à la plus atroce misère.... Ils en appellent à
l'opinion publique pour mettre un terme à cette lutte
du pauvre contre le riche. Ils somment les députés
qui ont quelque souci de leur mandat, de s'interposer
immédiatement, de faire donner du pain aux mineurs,
et de faire rendre à la nation la mine qui lui appartient. »

La grève ne se passa pas sans désordres. Il y eut çà
et là des explosions de cartouches de dynamite destinées à intimider les ouvriers qui continuaient de travailler. D'autres eurent leurs jardins dévastés. Le 4 avril,
deux mille grévistes se portèrent à une fosse pour
empêcher les ouvriers de remonter, et ils se mutinè-

(1) Voy. *le Temps* du 23 mars.

rent contre la gendarmerie. Des scènes semblables eurent lieu dans d'autres endroits; des troupes furent postées à toutes les fosses; il se fit une quarantaine d'arrestations suivies de condamnations de huit jours à trois mois de prison. Deux députés s'élevèrent contre l'emploi de la force armée; suivant eux, c'était attenter à la liberté des ouvriers et appuyer injustement la compagnie. Les délégués aussi protestèrent le 7 avril, et à leur demande antérieure ils en ajoutèrent deux encore moins admissibles; ils voulurent que les détenus fussent mis en liberté et que la compagnie indemnisât les grévistes des dettes qu'ils avaient contractées pendant leur chômage. Pour soutenir les courages il se tenait chaque jour une réunion publique où deux journalistes parisiens se faisaient entendre: « Formez, disait un d'eux, un parti ouvrier afin que la conquête du pouvoir politique et l'organisation prolétarienne amènent votre affranchissement! »

En attendant, les ressources allaient décroissant. Les délégués avaient tenté en vain de susciter une grève générale dans les mines de France; nulle part ils n'avaient obtenu le moindre signe d'assentiment. Les souscriptions étaient plus bruyantes que productives. Chaque jour la grève perdait de ses adhérents. Le 15 avril, la chambre syndicale, assemblée, décida que l'heure était venue de clore la campagne. Et chose à noter, c'est qu'après avoir expérimenté le nouveau mode de travail, les mineurs n'y ont trouvé rien de désavantageux pour eux.

X

Loi de 1881 qui permet les réunions sous les conditions nécessaires pour prévenir le désordre. — Loi de 1884 qui autorise
les chefs d'industrie et les ouvriers à se créer de part et d'autre
des chambres syndicales. — Conseils déraisonnables et pernicieux que le ministre de l'intérieur donne aux ouvriers ; opinion erronée qu'il émet sur le salariat et sur la participation
aux bénéfices. — Les syndicats ouvriers n'ont rien de mieux
à faire que de prendre pour modèles celles des associations
ouvrières de l'Angleterre qui agissent le plus sagement.

Les restrictions auxquelles le droit de réunion avait
été soumis du temps de l'empire, durèrent encore jusqu'en 1881. Il eût été inutile, avec l'esprit dont la
majorité de l'Assemblée nationale de 1871 était animée,
de proposer la moindre atténuation (1), et après l'établissement du régime républicain, divers événements
firent ajourner cette question. Une loi nouvelle (30 juin
1881) remplaça l'autorisation préalable par une simple
déclaration signée par deux personnes jouissant de
leurs droits civils et politiques. Moyennant cette forma-
lité, toute réunion devint libre, à condition : 1° qu'elle
se tînt dans un lieu clos, 2° qu'elle eût un bureau com-

(1) On vit à cette époque des représentants, et à leur tête un
maître de forges de la Haute-Marne, M. Peltreau-Villeneuve, demander l'abrogation de la loi de 1864 sur les coalitions et le ré-
tablissement de la loi de 1849.

posé de trois personnes au moins, 3° que ce bureau pourvût sous sa responsabilité à ce que la réunion se tînt dans les limites de la déclaration, et qu'il empêchât toute infraction aux lois. Le fonctionnaire délégué pour assister à une réunion n'eut le droit de la dissoudre que s'il en était requis par le bureau ou s'il se produisait des collisions et voies de fait. Enfin les peines correctionnelles établies par la loi de 1868 furent remplacées par les peines de simple police, sauf les poursuites pour les crimes ou délits qui pourraient être commis dans les réunions.

Il restait, pour achever de satisfaire aux vœux des ouvriers, à leur donner l'autorisation de se former des chambres syndicales. Parmi les publicistes et les hommes d'État qui discutèrent cette question, il y en eut qui crurent nécessaire d'imposer des limites à l'action des syndicats, afin d'empêcher que la liberté de l'industrie ou du travail ne reçût des atteintes pareilles à celles qu'avaient commises antérieurement des associations ouvrières. « Il pourra arriver, disait-on de ce côté, que des syndicats violent la liberté individuelle sans commettre aucune violence, en décidant que leurs membres ne travailleront pas dans les ateliers où se trouveront des ouvriers indépendants, en interdisant aux femmes l'entrée des ateliers, en limitant le nombre des apprentis, etc. » Des membres du Sénat s'élevèrent surtout contre la proposition qui tendait à permettre aux syndicats de former entre eux des unions fédératives : « Ce serait créer un État dans l'État, » dit M. Allou.

Après un long débat, il fut reconnu difficile de déterminer et de prévenir toutes les prétentions abusives qui pourraient venir à l'esprit des membres des syndicats. Il sembla que le mieux qu'on pût faire était de conférer le droit d'association sans restriction et de laisser aux patrons et aux ouvriers la responsabilité de l'usage qu'ils en feraient. Il ne s'agissait effectivement que de légaliser ce qui existait; les patrons faisaient tout ce que bon leur semblait dans leurs chambres syndicales; les règlements et les actes reprochés à des associations ouvrières avaient été prohibés par les lois et n'en avaient pas moins duré depuis des années; quel moyen aurait-on de plus pour contenir les uns et les autres dans de justes bornes? Quant à la fédération des syndicats, les craintes et les répugnances furent combattues par des raisons qui l'emportèrent. En France, dit-on, l'esprit d'association n'est pas assez vif pour devenir un péril. Les ouvriers sont trop jaloux de leur liberté d'action pour se soumettre volontiers à une autorité despotique au suprême degré. Si des syndicats se confédéraient, ils n'en conserveraient pas moins leur autonomie, leurs statuts, leurs caisses propres, et ils ne se confondraient pas ensemble jusqu'au point de former une puissance unique et absolue, attendu qu'il existerait toujours entre eux des diversités d'intérêt qui serviraient de garantie et de contre-poids. Si par exemple, il convenait à un des syndicats confédérés de faire grève, il ne serait assisté par les autres que s'ils y voyaient un commun avantage bien marqué, ce qui n'est guère présumable.

En définitive, les chambres syndicales, soit de patrons, soit d'ouvriers de la même profession ou de métiers similaires, ou de professions concourant à l'établissement de produits déterminés, furent déclarées libres de se constituer, de délibérer et d'agir pour l'étude et la défense des intérêts économiques, industriels, commerciaux et agricoles (art. 2 et 3 de la loi du 21 mars 1884), à condition de déposer à la mairie, et à Paris, à la préfecture de la Seine, leurs statuts et les noms de leurs administrateurs ou directeurs (art. 4). Ces derniers durent être Français et jouir de leurs droits civils (Ibid). Les chambres devinrent aptes à ester en justice. Elles acquirent le droit d'employer les sommes provenant des cotisations, de former sans autorisation des caisses spéciales de secours mutuels et de pensions de retraite, de créer des bureaux de renseignements pour les offres et les demandes de travail, de donner des consultations sur les différends et les questions concernant leur profession (art. 6). Il fut stipulé que tout membre pourrait se retirer à tout instant sans perdre le droit de participer aux sociétés de secours mutuels ou de pensions auxquelles il aurait versé des fonds, mais que le syndicat aurait le droit de lui réclamer la cotisation de l'année courante (art. 7). Le droit de faire des acquisitions à titre gratuit ou onéreux fut accordé, quant aux immeubles, seulement pour ceux qui seraient nécessaires aux réunions, aux bibliothèques et à des cours d'instruction professionnelle (art. 6); en cas d'acquisition prohibée, le procureur de la République ou les intéressés furent autorisés à en poursuivre l'annulation (art. 8). Les administrateurs ou directeurs furent punissables d'une amende de 16 à 200 francs, en cas d'infraction aux articles 2, 3, 4 et 6 indiqués ci-dessus, et d'une amende de 500 francs au maximum en cas de fausse déclaration relative aux statuts ou aux noms et qualités des administrateurs ou directeurs. Les tribunaux purent, en outre, prononcer la dissolution du syndicat (art. 9). Il fut permis aux chambres syndicales de se concerter entre elles pour l'étude et la défense de leurs intérêts professionnels, à condition que ces unions feraient connaître, conformément à l'article 4, les noms des syndicats dont elles se composeraient; et par mesure de précaution, elles n'eurent le droit ni d'ester en justice, ni de posséder aucun immeuble (art. 5). Les articles 414 et 415 du Code pénal restèrent applicables à quiconque, à l'aide de violences, voies de fait, menaces ou manœuvres frauduleuses, aurait amené ou maintenu, tenté d'amener ou de maintenir, une cessation concertée de travail dans le but de forcer la hausse ou la baisse des salaires ou de porter atteinte au libre exercice de l'industrie ou du travail, ou qui, à l'aide d'amendes, défenses, proscriptions, interdictions, prononcées par suite d'un plan concerté, aurait porté atteinte au libre exercice de l'industrie ou du travail.

Le législateur mit ainsi les syndicats d'ouvriers sur le même pied que les associations ouvrières du Royaume, Uni; mais il existe de grandes différences dans l'état des esprits. De l'autre côté de la Manche, les ouvriers dont le travail demande un certain apprentissage et une certaine habileté, sont enrégimentés pour la plupart dans des associations; ils acceptent volontiers les charges que cet engagement leur impose, discipline, cotisations, sacrifices, pour recueillir les avantages qu'il leur promet, et ils n'aspirent nullement à la suppression du salariat. En dehors, il ne reste que les simples manœuvres ou journaliers, les ouvriers éliminés des associations ou travaillant dans de petites localités, et d'autres qui spéculent sur les coalitions pour en tirer du profit sans bourse délier. En France, on voit toute autre chose. Un certain nombre d'ouvriers, par jugement faux ou pour jouer un rôle, professent que le travail est tout dans la production, que tout doit être soumis à son empire, que le capital, sol, sous-sol, matériel doivent être mis à sa disposition, et que tous les moyens sont bons pour opérer cette révolution. Une foule d'autres ouvriers, les uns ouvriers de métiers, les autres manœuvres, indifférents à tous les systèmes d'organisation du travail, beaucoup vivant au jour le jour, sans domicile fixe, sans famille, ne songeant tous qu'à se procurer le plus de jouissances matérielles qu'il leur est possible, sont plus propres à subir l'influence des syndicats qu'à en devenir des membres actifs et utiles. Quant aux ouvriers qui faisaient partie des sociétés de résistance ou chambres syndicales existantes au moment où la loi fut rendue, on ne connaissait positivement ni leur nombre, ni le nombre des membres de chacune d'elles. On savait seulement que dans le total se trouvaient comprises les sociétés d'ouvriers chapeliers, d'ouvriers en meubles, et autres, qui s'étaient fait remarquer par des idées et des actes déraisonnables.

En conséquence, si les hommes d'État et les publicistes qui avaient concouru à l'émancipation des syndicats, jugeaient à propos d'éclairer leur marche, le meilleur conseil qu'ils pussent leur donner était de prendre pour modèles celles des associations ouvrières de l'Angleterre qui ont le mieux appris à défendre les intérêts de leurs membres par des moyens efficaces et légitimes, c'est-à-dire à compter avec les vicissitudes du travail, à observer soigneusement l'état du marché, à n'entreprendre de coalitions qu'après mûre délibération, à bien garnir leurs caisses et à n'y puiser pour des grèves que lorsque le but ne peut être atteint par des arbitrages ou par des transactions. A la place de conseils semblables, une circulaire du ministère de l'intérieur annonça aux syndicats d'ouvriers que « la loi ouvrait devant eux la plus vaste carrière, que la liberté nouvelle devait bientôt initier l'intelligence des plus humbles à la conception des plus grands problèmes économiques et sociaux; que sûrs de l'avenir, ils pourraient réunir les ressources nécessaires pour créer et multiplier les utiles institutions qui ont produit chez les autres peuples de précieux résultats, caisses de retraite, bureaux de renseignements, bureaux de placement, statistique des salaires, etc. ». Où sont tous ces autres peuples chez qui se rencontrent ces précieux résultats des associations ouvrières? Où existe-t-il une statistique des salaires d'où l'on puisse tirer des lumières utiles? Des publicistes amplifièrent encore ; à les entendre, il appartenait aux syndicats d'ouvriers d'établir des cours d'enseignement professionnel, de remplir les fonctions d'arbitres auprès des conseils de prud'hommes, de surveiller l'exécution des contrats d'apprentissage et de la loi sur le travail des enfants dans l'industrie, de former des sociétés coopératives de production, etc.

Jusque-là il n'y avait que l'inconvénient d'inspirer aux syndicats des idées chimériques; mais il se joignit à ces amplifications des avis dangereux. Voici les paroles que M. Waldeck-Rousseau, ministre de l'intérieur, ne se fit pas scrupule d'adresser à l'Union des chambres syndicales : « Je pense que les syndicats pourraient agir efficacement pour obtenir sous une forme meilleure, plus profitable que le salariat pur et simple, la rémunération plus ample et plus perfectionnée du travail. En déterminant *à priori* la part de l'ouvrier dans le bénéfice par le chiffre du salaire, on n'emploie qu'une méthode imparfaite. Une détermination préfixe est arbitraire; elle est trop faible ou trop forte; eh bien ! il y aurait bien peu de chose à faire pour donner à des revendications dont le principe ne peut pas être contesté, une forme plus pratique, et cette forme, c'est la rémunération faite au travail par l'association aux bénéfices réalisés. Si par votre union, par la force des choses, vous arrivez à constituer un pouvoir régulier, une représentation puissante du travail, le capital comprendra qu'en demandant une rémunération plus juste, vous lui donnez une garantie. Aussi, je crois que bientôt les syndicats mettront en tête de leurs réformes, au nombre de leurs revendications, la participation aux bénéfices de toute entreprise. » (Applaudissements.)

. En effet, ce langage devait être accueilli avec une faveur extrême; il caressait la haine aveugle qu'un grand nombre d'ouvriers ont conçue contre le salariat; il leur faisait entendre que s'ils ne participaient pas aux bénéfices, c'était parce qu'ils n'avaient pas été encore assez forts pour exiger cette rémunération, mais qu'ils pourraient maintenant l'obtenir des patrons. Eh bien! le ministre s'abusait et abusait les ouvriers. Il est faux que le salaire soit une forme de rémunération imparfaite et destinée à disparaître devant le progrès, et que la participation aux bénéfices soit la forme parfaite destinée à régner dans le monde industriel pour le bonheur commun des ouvriers et des patrons. L'entrepreneur capitaliste, en invitant à collaborer avec lui les auxiliaires dont il a besoin, garde pour lui tous les risques de perte et de ruine, et au lieu de subordonner leur rémunération au succès de l'entreprise, il la leur remet avant d'avoir réalisé le produit de leurs efforts communs, avant même de savoir quel sera ce produit et s'il y aura du profit. Le salaire est une association à forfait comme l'intérêt du capital; c'est un contrat naturel, nécessaire, qui n'a rien d'imparfait ni d'injuste. Il est plus équitable que la participation qu'on lui oppose comme une perfection ; car, dans ce système les ouvriers profitent des bénéfices, et les pertes en totalité tombent à la charge du patron.

Le salaire se prête à toute sorte d'améliorations, le travail à la tâche, les associations temporaires entre des groupes d'ouvriers pour l'exécution d'un ouvrage à forfait, les gratifications de fin d'année, les primes individuelles ou collectives. La participation aux bénéfices n'exclut pas le salaire; elle n'en forme qu'un supplément contingent, variable avec les vicissitudes du commerce, inégal selon le succès des entreprises, très souvent restreint à des sommes insignifiantes. Pour que la participation ne soit pas un simple leurre, il faut des établissements placés dans des conditions particulièrement favorables, où le travail soit constant et toujours lucratif, c'est-à-dire une rareté. Exciter les ouvriers à exiger dans tous les cas l'application de ce système, c'est non seulement trahir la vérité, mais encore ouvrir imprudemment une source de mécomptes, de démêlés et de grèves. Au surplus, si les syndicats ont le malheur d'écouter ces inspirations, l'expérience se chargera de leur en montrer la vanité à leurs dépens.

DIVERS AUTRES PAYS

ALLEMAGNE

Les États de l'Allemagne ont eu la sagesse de renoncer à leur ancien système de règlements et de monopoles. La liberté du travail a été consacrée en 1869 dans
l'article 1er de la loi sur l'industrie. Les corps de
métiers ne subsistent qu'à titre de chambres syndicales
reconnues comme personnes civiles et destinées à
former des institutions de bienfaisance et de perfectionnement. L'obligation du livret n'existe plus. Les
contestations entre patrons et ouvriers sur leurs engagements ou sur les contrats d'apprentissage sont réglées
par des autorités spéciales, ou, à défaut, par les autorités municipales, avec faculté d'appel dans le délai de
dix jours. Le pouvoir de statuer sur ces contestations
peut d'ailleurs être conféré par un règlement local à des
tribunaux arbitraux organisés par les autorités municipales et composés de patrons et d'ouvriers en nombre
égal. Il est interdit aux patrons de vendre à leurs ou-

ouvriers quoi que ce soit à crédit, et les ouvriers ne peuvent être contraints de recevoir leurs salaires en nature. Enfin la loi (art. 152 et 153) permet aux ouvriers comme aux patrons de se coaliser et d'agir de concert, de part et d'autre, pour la défense de leurs intérêts communs, pourvu que les coalisés ne tentent pas de faire entrer d'autres individus dans leur camp ou d'y retenir ceux qui voudraient en sortir, soit par la violence, soit par des menaces, des outrages ou des interdictions. Les coalitions qui empêcheraient ou entraveraient un service public sont prévues et punies par le code pénal, titre 27.

C'est de l'ancien régime plutôt que du nouveau que dérivent les discordes qui surgissent de temps à autre entre les patrons et les ouvriers. Ces derniers menèrent une triste vie au temps des corps de métiers; les chefs d'industrie profitèrent de leur suprématie et de l'exubérance de la population pour obtenir du travail à bas prix ; les journées étaient très longues, les salaires très modiques, en sorte qu'il ne fut pas difficile à Lassalle et consorts de recruter de nombreux prosélytes parmi ces malheureux. Avec les triomphes de 1870 et les milliards qui les couronnèrent, il se forma une foule inouïe d'entreprises de toute sorte, financières, industrielles, commerciales, qui accrut la demande de bras et par suite le prix de la main-d'œuvre; mais en même temps les subsistances et les logements enchérirent. Puis arriva une crise inévitable, attendu que le matériel et la production avaient été développés hors de pro-

portion avec les débouchés. La condition des ouvriers
se ressentit d'autant plus désavantageusement de ces
circonstances, que parmi eux la reproduction est toujours abondante, et leurs rapports avec les chefs d'industrie n'en devinrent que moins satisfaisants. Parmi
les coalitions qui surgirent, on nota particulièrement
celles des ouvriers du bâtiment à Berlin, des ouvriers
typographes à Leipsick, et des tisserands dans la Silésie.
Jusqu'aux forges d'Essen en Westphalie, honorées du
patronage impérial, qui furent mises en chômage par
une grève qui dura près d'un mois.

Le socialisme a ses foyers dans des villes du nord ; la
Bavière, le grand-duché de Bade et le Wurtemberg
sont exempts de toute agitation sérieuse. Il y a comme
en France, deux sectes qui prêchent, l'une l'organisation du travail en corporations religieuses, l'autre l'intervention du législateur en faveur des ouvriers. M. de
Bismarck penche de ce second côté ; mais dans la foule
c'est de Lassalle que procède le mouvement. Les ouvriers inféodés à sa doctrine professent à l'égard des
coalitions et des grèves la même opinion que les congrès
de l'Internationale ; c'est à leurs yeux un instrument
transitoire dont les socialistes doivent se servir en attendant qu'ils aient réalisé l'essentiel, c'est-à-dire l'as-
servissement du capital. Les congrès n'ont pas été obéis
de même quant à l'injonction qu'ils ont faite d'organiser et de régler les coalitions ; il existe très peu de
sociétés de résistance solidement constituées et munies
de ressources pécuniaires ; la plupart du temps les

grèves s'entreprennent sans méthode et sans le nerf de la guerre. Quand les mineurs de Waldenberg, en Silésie, interrompirent leurs travaux pour une question de salaire, ils ne purent prolonger la lutte qu'au moyen d'une somme que l'association des orfèvres leur prêta et qu'elle eut ensuite de la peine à recouvrer. La grande majorité des ouvriers conserve l'esprit de discipline inculqué par l'école et le service militaire; le respect de la force publique subsiste parmi eux; ils se contiennent même quand ils sentent vivement et réfléchissent avant d'agir. Les coalitions et les grèves sont généralement exemptes de violence; la durée en est courte et la fin arrive sans tumulte ni effusion de sang.

AUTRICHE-HONGRIE

Le travail industriel est organisé comme jadis en système corporatif. L'autorité doit établir des corporations dans toutes les localités qui en comportent, et quiconque exerce un métier en qualité de maître et pour son compte est par ce seul fait membre de la corporation du district où il habite. Toute corporation doit : 1° veiller à ce que les relations se maintiennent régulièrement, soit entre les maîtres, soit entre les maîtres et les ouvriers ou les apprentis ; 2° fonder et entretenir des établissements servant à héberger les ouvriers ; 3° organiser un service de placement ; 4° régler l'apprentissage sous le contrôle de l'autorité administrative ; 5° former une commission arbitrale appelée à régler les différends entre les patrons et les ouvriers ; 6° établir des écoles professionnelles ; 7° venir en aide aux ouvriers et aux apprentis malades. Les affaires sont gérées : 1° par l'assemblée corporative composée de tous les membres ; 2° par un bureau permanent composé de délégués de l'assemblée, 3° par la commission arbitrale.

Les ouvriers s'assemblent de leur côté pour délibérer sur leurs affaires d'intérêt commun et pour élire des délégués qui siègent dans l'assemblée corporative avec voix délibérative lorsque des vœux ou des griefs des ouvriers y sont portés et discutés. La commission arbitrale est composée de patrons et d'ouvriers élus en nombre égal de part et d'autre; elle ne rend un jugement qu'après avoir tenté inutilement la voie de la conciliation, et l'appel est ouvert devant le juge compétent. Le bureau permanent connaît des infractions aux règlements et peut appliquer comme peines disciplinaires la censure et l'amende jusqu'à concurrence de 10 florins. Les corporations sont placées sous la surveillance de l'autorité ; leurs statuts ne sont exécutoires qu'avec son approbation. Enfin la loi interdit tant aux patrons qu'aux ouvriers d'interrompre de concert le travail.

Il s'est formé à Vienne une association ouvrière qui procède de la doctrine de Lassalle et qui a des ramifications dans les provinces; mais la division de l'empire en nationalités rivales contrarie fortement les entreprises de ce genre. De plus elles rencontrent un obstacle dans la docilité qui est restée aux ouvriers de leur ancien état de minorité sociale et dans le respect qu'ils ont conservé pour les situations acquises. Si le système corporatif réussit, il le devra plutôt à ces particularités qu'à sa propre vertu.

BELGIQUE

Les Belges, en vertu de leur constitution de 1831, eurent dès l'origine le droit de s'assembler paisiblement sans autorisation préalable, sauf les rassemblements en plein air qui étaient soumis aux lois de police, ainsi que le droit de s'associer sans aucune restriction préventive (art. 19 et 20). Mais en vertu du code pénal de 1810 qui fut maintenu, les coalitions restèrent prohibées jusqu'à ce que le législateur fût amené par les mêmes raisons qu'en France à régler cette matière d'une façon plus libérale. Une loi du 31 mai 1866 substitua aux trois articles 414, 415 et 416 du Code pénal un seul article ainsi conçu : « Sera punie d'un emprisonnement de huit jours à trois mois et d'une amende de 26 francs à 1,000 francs ou de l'une de ces deux peines seulement, toute personne qui, dans le but de forcer la hausse ou la baisse des salaires, ou de porter atteinte au libre exercice de l'industrie ou du travail, aura commis des violences, proféré des injures ou des menaces, prononcé des amendes, des défenses, des interdictions, ou toute proscription quelconque, soit contre ceux qui travaillent, soit contre ceux qui font travailler. Il en sera de même de tous ceux qui, par des rassemblements près des établissements ou près de la demeure de ceux qui les dirigent, auront porté atteinte à la liberté des maîtres ou des ouvriers. »

Depuis lors le législateur a marché encore dans cette voie libérale. L'emploi des livrets est devenu facultatif, et l'article 1781 du Code civil a été abrogé comme en France. Mais ces diverses réformes, toutes conformes qu'elles soient à la raison et à la justice, n'ont pas influé sensiblement sur les rapports du capital avec le travail, ni sur la condition des ouvriers. Il n'en existe pas moins des circonstances défavorables. La population se multiplie trop pour que le prix de la main-d'œuvre hausse de façon à procurer aux ouvriers une somme de bien-être appréciable. Dans la grande industrie manufacturière le travail est sujet à de brusques vicissitudes d'activité et d'inertie par la tendance excessive qu'ont les chefs d'industrie à forcer leur production lorsque les affaires marchent à souhait; il en résulte qu'à l'heure où les débouchés viennent à se resserrer, il reste dans les magasins une masse de produits invendus qui impose l'alternative également fâcheuse de congédier une grande partie du personnel ou de réduire les salaires.

Dans la petite industrie, de même que dans la grande, la condition des ouvriers est précaire et médiocre, quand elle n'est pas misérable. Les loge-

ments font pitié; les vêtements sont d'une simplicité
extrême; la nourriture est très frugale; et néanmoins
il est très rare de voir éclater des démêlés sérieux,
attendu que les ouvriers belges ne sont ni turbulents
ni exigeants; pourvu qu'ils aient juste de quoi aller
à leurs cabarets d'habitude et prendre part aux ker-
messes, ils subissent patiemment peines et privations.
On ne rencontre comme dignes de mémoire que deux
grèves des mécaniciens et des typographes de Bruxelles.
Dans la première affaire les choses se passèrent selon
la méthode anglaise. Les ouvriers convinrent d'attaquer
les établissements l'un après l'autre; les patrons, de
leur côté, se concertèrent pour déjouer cette manœuvre
en fermant simultanément tous les ateliers; puis il
arriva aux deux partis de reconnaître que le chômage
leur était également préjudiciable et ils se décidèrent
à transiger. L'autre affaire n'offre qu'une particularité
qui s'était déjà rencontrée dans une grève des typographes parisiens dont il a été parlé à la page 157. Les
patrons accordèrent l'augmentation de salaire demandée par les ouvriers; mais tous les ouvrages qu'il
n'était pas indispensable de faire faire à Bruxelles
passèrent dans des villes de province où la main-d'œuvre était à plus bas prix.

Il n'y eut de coalitions accompagnées de violences
et de désordres que dans les exploitations de houillères.
En 1861, une compagnie formée par la fusion de plusieurs entreprises et dont les gérants visaient à grossir
les dividendes, provoqua par un règlement inique une

émeute où le sang coula. En février 1867, des mineurs du bassin de Charleroi ne se bornèrent pas à se mettre en grève en réclamant une augmentation de salaire ; ils se portèrent en foule avec les femmes et les enfants, vers un moulin de Marchienne-au-pont, pour le piller, et ils assaillirent de pierres un détachement envoyé pour le défendre. Des soldats furent blessés ; d'autres firent feu et des ouvriers tombèrent morts. La mêlée n'en devint que plus vive. La troupe eut le dessous. Le moulin fut envahi ; hommes, femmes et enfants emportèrent les sacs de farine sur des brouettes ou sur les épaules ; dans leur fureur aveugle, ils éventraient des sacs, brisaient les meubles et jetaient dans la rue les papiers. Tant le sens moral était encore peu répandu dans cette population.

ESPAGNE

La production industrielle n'a pris un certain développement que dans la Catalogne et dans la province
de Valence. Ailleurs la population se livre à la culture
du sol, à l'élevage des moutons et à l'exploitation des
mines. Les capitaux sont peu abondants, l'instruction
technique peu répandue, l'initiative peu commune.
Les salaires ont augmenté depuis quarante ans; mais
les objets de première nécessité ont enchéri, et les ouvriers, à part les Catalans et les Valentiens, « semblent
destinés par leur nature même à vivre pauvrement. (1) »

Parmi eux l'assiduité et l'ardeur au travail sont des
raretés; ils se contentent d'aliments et de vêtements
d'une simplicité extrême, de logements qui font peine
à voir; ils recourent volontiers à l'assistance publique,
malgré leur caractère orgueilleux et indépendant. La
plupart de ceux qui ont l'âme mieux trempée s'en vont
à l'étranger chercher un meilleur sort.

Dans ces circonstances il est très rare de voir se for-

(1) R. Lavollée, *Les classes ouvrières en Europe.*

mer des coalitions et des grèves. Le code pénal même
en fournit un sur indice : les coalitions ne sont punissables que lorsqu'elles tendent à faire hausser ou baisser
abusivement le prix du travail ou à en régler les conditions ; par conséquent il faut, le cas échéant, que le
juge, pour prononcer s'il y a abus ou non, examine et
apprécie l'état du marché, la situation des affaires, les
profits ou les pertes de l'entrepreneur, et lorsqu'il prononce, il se trouve, par le fait, régler lui-même le
salaire, ce dont assurément le législateur n'a pas entendu le charger. La disposition du code ne pourrait
subsister si l'on avait plus souvent à l'appliquer.

L'appendice contient les articles du code pénal de
1870 concernant les coalitions, les réunions et les associations, avec la loi du 15 juin 1880 sur les réunions.

ÉTATS-UNIS

Avant la guerre civile, les États-Unis jouirent pendant quarante ans d'une prospérité sans égale. On y voyait de vastes déserts se couvrant de moissons, des villes naissant çà et là, une armée peu coûteuse, un impôt peu onéreux, des articles d'exportation encombrants et des retours assurés de la vente, par suite une marine marchande florissante, du travail et du capital en abondance, et tous ces éléments de richesse fécondés par une activité individuelle livrée à tout son essor. Il en résultait que les salaires étaient larges et les coalitions à peu près inconnues. Après la victoire des États du Nord, ce spectacle changea. L'union se reconstitua, mais à quel prix ! Une dette énorme, de lourds impôts, des droits de douane exorbitants, les exportations et les importations réduites d'un tiers ou de moitié suivant les articles, des concurrences improvisées dans différents pays pour l'approvisionnement de l'Europe en coton, les navires marchands tombés de 42,000 à 12,000, beaucoup d'objets de consommation portés à des prix très élevés.

Les salaires restèrent plus hauts qu'en Europe par une première cause, la grande quantité de papier-monnaie que les Etats du Nord avaient émise pour les besoins de leur cause et que l'Union fut obligée d'accroître encore. A cette cause temporaire se joignit le nombre restreint des ouvriers exercés et habiles pour toutes les fabrications que les entrepreneurs du Nord voulurent développer ou créer à l'abri des prohibitions du tarif douanier. Il y eut une troisième cause qui de tout temps a influé sur les rapports du travail avec le capital, à savoir l'humeur indépendante et aventureuse de l'ouvrier américain. Ce n'est pas l'homme du métier qui vit en Europe renfermé dans le cercle de la corporation; il ne s'attache pas à un atelier plus qu'à un autre; il ne tient pas même à une occupation fixe. On voit des fabriques dans lesquelles le personnel se renouvelle en entier dans l'espace d'une année, sans que le travail ait été interrompu et sans qu'il se soit élevé de discorde entre le patron et les ouvriers. Cette disposition a été encouragée par la perspective de devenir aisément propriétaire rural dans le Far-West en achetant des lots de terre du domaine public qui se vendent encore à bas prix et par annuités. Dès que l'idée vient à des ouvriers qu'ils pourraient gagner davantage et dépenser moins en cultivant un champ, il leur tarde de dire adieu aux usines. Il n'est pas difficile de trouver des remplaçants pour les ouvrages qui se font au moyen de machines ; mais lorsque le travail demande une certaine adresse et que les

ouvriers conçoivent le désir de changer de condition,
les patrons ne les conservent qu'en leur offrant des
avantages assez considérables pour emporter la balance.

La condition des ouvriers n'en est pas moins devenue moins heureuse qu'avant la guerre, parce que
l'habillement, le logement et les denrées alimentaires
autres que le pain, la viande et les légumes, sont arrivés à une cherté extrême, fruit naturel d'un régime
prohibitif. Le travail aussi est moins constant qu'en
Europe; les dérèglements de la spéculation amènent
trop souvent des crises qui arrêtent subitement la
production après l'avoir poussée à l'excès, et enlèvent
aux travailleurs leurs moyens d'existence jusqu'à ce
que les affaires reprennent un cours régulier.

Les coalitions ont été rares pendant une quinzaine
d'années, non parce que les patrons et les ouvriers
avaient les uns pour les autres plus de sentiments de
bienveillance qu'ailleurs, mais à cause de la mobilité
dont nous venons de parler et du défaut de cohésion
qui en résultait. Les ateliers et les chantiers contenant,
pêle-mêle avec les nationaux, des étrangers sortis de
différents pays, il s'ensuivait une confusion des lan-
gues; ce n'était qu'au bout d'un certain temps que
tous ces hommes pouvaient arriver à se comprendre
et à pouvoir délibérer ensemble sur leurs intérêts
communs. Aussi les Trades' Unions étaient-elles peu
solidement organisées et peu puissantes. Les écrits pé-
riodiques n'enregistrèrent alors que trois affaires de

coalition sérieuses. L'unes d'elles eut lieu en 1873 dans les forges de Pensylvanie. Les coalisés étaient des Irlandais qui, selon leur habitude, commirent des violences ; la vie d'un gérant fut menacée ; puis au bout de quelques jours, les feux se rallumèrent.

Vers la fin de 1874, les maîtres de forges se déclarèrent obligés de réduire les salaires. Les ouvriers se mirent en grève. Pendant tout l'hiver le travail resta suspendu presque partout. En mars 1875, les chefs d'établissements proposèrent de vider le différend par voie d'arbitrage. Les ouvriers refusèrent, et le 15 avril ils finirent par consentir à une réduction moindre que celle qui leur avait été signifiée en premier lieu.

La troisième coalition se tourna en insurrection. C'était en 1877 ; les Compagnies de chemins de fer voyant leurs recettes considérablement réduites par la stagnation des affaires, s'étaient posé l'alternative, comme l'eussent fait des fabricants, soit de congédier une partie du personnel, soit de le conserver en réduisant les rétributions, et ce second parti avait paru préférable au premier. Mais les réductions de ce genre sont sujettes à amener des démêlés qui ont des conséquences particulièrement fâcheuses dans les entreprises formées en monopole pour un service public. Le 16 juillet, les mécaniciens, chauffeurs et conducteurs de la ligne de Baltimore et de l'Ohio mirent un embargo sur tout le parcours. A Pittsburg, de nombreux ouvriers des fabriques alors en chô-

mage, se joignirent aux hommes des chemins de fer
et la populace se mit de la partie. La milice intervint;
assaillie d'une grêle de pierres, elle riposta par une
décharge qui tua ou blessa plusieurs individus. Les
émeutiers se procurèrent des armes et de la poudre
en pillant les magasins; la milice ne put leur tenir
tête; la ville tomba en leur pouvoir. Le président de
la république envoya de la troupe fédérale qui, après
un combat où le sang coula, fut contrainte à son tour
de battre en retraite. Alors une rage de destruction
saisit les vainqueurs; les wagons et les marchandises,
les gares et les bureaux furent livrés aux flammes;
les locomotives et jusqu'à un grand viaduc tombèrent
en débris. De ligne en ligne, la grève s'était étendue
de l'Hudson jusqu'au Mississipi et du Canada jusqu'à
la Virginie. Baltimore et Chicago eurent, comme
Pittsburg, leurs scènes de guerre et de destruction.
Heureusement ce fléau fut de très courte durée. Dès
le 27 juillet, les trains recommençaient à rouler sur la
ligne de New-York central, et partout l'autorité reprenait le dessus. Un très petit nombre seulement
d'employés des chemins de fer se trouvèrent compris
dans les arrestations et les poursuites qui eurent lieu.
Les autres se retrouvèrent en présence des Compagnies qui terminèrent le différend par une transaction.

Trois ans après, en 1880, commença une série de
coalitions qui fut comme l'augure d'un changement
dans la marche du travail. A New-York, les ouvriers
en pianos profitèrent les premiers de ce que la vente

se relevait pour demander une augmentation de salaire. Les ébénistes, les menuisiers et les marbriers suivirent cet exemple. Puis vinrent les ouvriers chargeurs de navires, les fileurs de coton, les ouvriers des mines. En 1882, des maîtres de forges, abandonnés par leurs ouvriers, engagèrent des nègres qui arrivèrent par une voie ferrée; mais les grévistes les attendaient; le train fut assailli et force fut aux nègres de se retirer. C'est un effet naturel de la politique commerciale en vigueur. Le Congrès, au lieu de rétablir, dès qu'il l'eût pu, le régime économique auquel le pays avait dû tant d'années de prospérité, a maintenu opiniâtrement un système de protection exagérée à la faveur duquel se sont établies ou agrandies des fabrications de toute sorte dont les produits sont fort coûteux. En même temps il s'est formé une population ouvrière qui augmente de jour en jour, qui paye cher le nécessaire, et qui tend par conséquent à se faire payer son concours en proportion. Le Congrès lui-même a favorisé les exigences des ouvriers; pour leur plaire, les Chinois ont été expulsés; quand ils ont demandé que la durée de la journée de travail fût réduite à huit heures, ce changement n'a pas été prescrit par la loi, mais il a été introduit dans tous les ateliers de l'État, comme une chose juste et raisonnable que les chefs d'établissements devaient faire à leur tour. Comment les coalitions et les grèves ne pulluleraient-elles pas dans ce nouveau milieu?

ITALIE

De même qu'en Espagne, le code pénal renferme
deux articles qui indiquent qu'il n'arrive guère d'affaires de coalition devant les tribunaux. D'après l'article 385, toute coalition formée entre patrons dans
le but d'amener *injustement et abusivement* leurs
ouvriers à accepter une réduction de salaires ou à
recevoir des subsistances comme payement total ou
partiel, doit être punie, si elle a reçu un commencement d'exécution, d'un emprisonnement d'un mois
au maximum et d'une amende de 100 à 3000 francs,
et d'après l'article 386 toute coalition formée entre
ouvriers dans le but de suspendre ou d'arrêter le
travail, ou d'augmenter le salaire *sans motif raisonnable*, doit être, si elle a reçu un commencement
d'exécution, punie de trois mois d'emprisonnement. Or,
si le cas se présentait assez fréquemment d'appliquer
ces articles, l'expérience montrerait non seulement que
le jugement dépend de considérations dans lesquelles
le juge court le risque de s'égarer, mais encore que
l'inégalité des peines n'est pas conforme à la justice.

Les salaires sont moindres qu'en France et en Angleterre, attendu que les bras surabondent par rapport au capital. Néanmoins les ouvriers italiens sont plus satisfaits de leur sort que d'autres mieux rémunérés. Chez eux tous se rencontrent à des degrés divers, la frugalité, l'économie, la simplicité des mœurs, l'amour de la vie de famille, comme traits essentiels de leur caractère. Bien que faibles, leurs salaires leur permettent de se procurer pour eux et les leurs une nourriture suffisante et appropriée à leurs goûts; ils ne sont pas surchargés de travail; il leur reste du loisir. Leurs logements sont très défectueux; mais c'est un inconvénient auquel ils sont peu sensibles. Il existe un très grand nombre de sociétés de secours mutuels et d'établissements d'assistance publique. Presque toujours les patrons mettent dans leurs rapports avec les ouvriers de la bienveillance et de l'équité. Aussi est-il bien rare que le travail soit troublé par la discorde.

PAYS-BAS

Les coalitions sont restées jusqu'en 1872 prohibées comme en France avant 1864, et elles sont devenues de même licites à condition de ne pas porter atteinte à la liberté du travail, plutôt par imitation que par nécessité ; car elles étaient à peu près inconnues auparavant, et elles se réduisent encore aujourd'hui à de très rares tentatives (1). Il n'existe aucune association ouvrière relative aux conditions du travail, bien que la loi n'y fasse point obstacle.

Les salaires sont très modiques, d'abord parce que les bras surabondent, et en second lieu parce que les ouvriers en général ne font pas dans le même espace de temps autant d'ouvrage ni un ouvrage d'aussi bonne qualité que ceux de l'Angleterre ou de la

(1) D'après la loi du 12 avril 1872, les atteintes à la liberté du travail, à savoir les violences, l'enlèvement ou la détérioration ou la mise hors d'usage d'instruments ou d'outils, les manœuvres dolosives et les menaces d'accomplir un acte délictueux, sont punissables d'un emprisonnement d'un mois à deux ans et d'une amende de 25 à 500 florins (50 à 1000 fr.), ou de l'une de ces peines seulement.

France. Mais les patrons les préfèrent à des étrangers parce qu'ils sont plus paisibles et plus réguliers dans les habitudes. « La question du moment, disait un secrétaire de la légation britannique dans un rapport à son gouvernement, les nouvelles du jour ont peu d'intérêt pour l'ouvrier hollandais ; il préfère sa Bible au journal, son foyer de famille au cabaret ou aux réunions politiques. Jaloux au dernier point de la liberté qu'il possède, il n'en souhaite pas plus. Dépensant moins pour lui-même, il en a plus de reste pour ses enfants et ce qu'il économise en bière, il le dépense en pain. » Avec ces mœurs la concorde règne dans les ateliers et l'indigence est très rare parmi les ouvriers.

SUISSE

Dans ce pays, la production industrielle, par conséquent les profits et les salaires, reposent sur un système d'opérations qui exige, pour réussir, une sagesse de conduite égale chez les ouvriers et les patrons, ainsi qu'un parfait accord entre les uns et les autres. En effet, la grande majorité des produits n'a de débit, ni dans le pays lui-même, ni dans les pays environnants qui n'en ont pas le moindre besoin ; elle doit s'écouler des pays situés au delà des mers. Or les fabricants ont à tirer du dehors presque toutes les matières qui leur sont nécessaires, le coton, la soie, le charbon ; ils n'ont pas de port d'embarquement à proximité ; ils ont à soutenir la concurrence étrangère sur les marchés lointains ; ils doivent donc se contenter de petits bénéfices, et il faut que les ouvriers, de leur côté, sachent s'accommoder de salaires proportionnés aux bénéfices. Cette condition se réalise dans les fabrications où le travail manuel s'allie avec les travaux des champs ; mais dans les manufactures et usines et dans l'industrie moyenne, les rapports entre les patrons et les ouvriers se sont altérés surtout depuis qu'une loi fédérale du 21 octobre 1877 a réglementé le travail et imposé aux patrons des obligations qui ne leur ont pas paru justifiées. « Autrefois, a dit un filateur, des fabricants bienfaisants pouvaient s'imposer des sacrifices pour améliorer le sort de leurs ouvriers ; mais aujourd'hui qu'au nom de l'État on travaille à compromettre la fortune des filateurs par la loi de fabriques et par les impôts progressifs, aujourd'hui qu'ils sont dénoncés à l'opinion publique par le puissant parti politique des socialistes comme exploiteurs du peuple et comme détenteurs d'esclaves, on ne doit plus s'attendre à ce qu'ils fassent de nouveaux efforts dans l'intérêt de leurs coopérateurs. »

Les ouvriers, sans aller jusqu'au collectivisme, n'ont pas échappé à l'influence des idées socialistes apportées du dehors. D'après l'exposé de leurs griefs, ils sont en butte à des vexations de la part des employés ou agents des chefs d'établissements ; leurs salaires ne sont pas en rapport avec la hausse des loyers et du prix des subsistances ; ils sont entassés dans des ateliers malsains ; ils sont astreints à un travail monotone et abrutissant ; ils ne peuvent plus se suffire quand leurs forces baissent ; le travail s'accomplit sans contentement ni entrain, parce qu'il n'apparaît que comme un moyen de continuer, sans espoir, à traîner une existence misérable (1).

Ces discordes commencèrent à se manifester à Bâle

(1) Voy. *les Classes ouvrières en Europe*, par M. R. Lavollée. t. II, p. 171.

en 1868. Les ouvriers en rubans demandèrent, outre une augmentation de salaires, des indenmités en cas de chômage, de maladie ou d'accident, et la limitation du nombre des apprentis. Les fabricants refusèrent; les uns congédièrent un certain nombre de leurs ouvriers, les autres fermèrent leurs ateliers; mais comme le chômage leur était trop préjudiciable, ils acceptèrent l'entremise de la chambre de commerce, et par la voie de la conciliation, les demandes des ouvriers se réduisirent à une augmentation de 50 centimes sur les salaires les moins élévés (1 fr. 50 par jour). Les teinturiers à leur tour obtinrent 50 centimes de plus par journée de travail. D'autres grèves se sont succédé; de petites sociétés coopératives de production se sont formées. Bref le système industriel de la Suisse a dû perdre de son efficacité.

CONCLUSION

L'histoire des coalitions et des grèves offre à l'observation quatre points principaux : le droit de se concerter pour régler les conditions du travail; les divers objets pour lesquels se forment les coalitions; les effets qu'elles produisent; et les moyens conçus pour les empêcher de naître.

I. — DROIT DE COALITION

L'avènement du salariat à la place du servage fut un progrès immense dans l'ordre social, ainsi que dans la production et la répartition des richesses. Malheureusement c'était aussi le temps des privilèges : le travail n'entra pas incontinent en possession de la pleine liberté de fixer ses conditions; il eut à subir des assujettissements arbitraires que les gouvernements lui imposèrent au nom de l'intérêt public. Les ouvriers des campagnes furent atteints les premiers en Angleterre; les propriétaires fonciers obtinrent des statuts qui ordonnèrent, sous peine d'emprisonnement, à tous les hommes ou femmes valides, qui ne seraient au service de personne et n'auraient pas un revenu suffisant à leurs besoins, de travailler pour quiconque les requerrait de le faire, à des prix fixés pour chaque ouvrage, et il leur fut défendu de quitter le lieu de leur résidence sans un permis de l'autorité. Bientôt vint le tour des constructeurs de bâtiments, fabricants et artisans : sur la plainte des personnes qui avaient à faire faire des travaux ou des objets usuels, le législateur taxa la main-d'œuvre et déclara nulle toute coalition pour en hausser le prix. Puis les ouvriers de l'industrie furent hiérarchiquement subordonnés aux maîtres qui les employaient et soumis à une discipline sévère par les chefs des corps de métiers ou par les officiers de police. Lorsqu'il leur arriva de se mettre en grève, l'autorité les traita comme vagabonds.

Les chefs d'industrie avaient l'avantage d'appartenir à la bourgeoisie qui donnait à la royauté un ferme appui et contribuait plus que les classes supérieures à alimenter le Trésor par son travail. Les ouvriers étaient dépourvus de pareils titres à la faveur souveraine et, outre ce désavantage, ils avaient contre eux certaines opinions qui régnèrent pendant longtemps dans l'esprit des gouvernants. Il s'établit en maxime d'État que les classes ouvrières étaient naturellement turbulentes, qu'elles manquaient d'esprit de conduite, qu'il n'était pas bon pour la société qu'elles eussent ni beaucoup de loisir ni beaucoup d'aisance. Les gouvernements virent un autre avantage à ne pas laisser le prix de la main-d'œuvre s'élever au-dessus du nécessaire : la production coûterait moins cher et le commerce extérieur serait d'autant mieux en état de lutter avec succès contre la concurrence étrangère. De ces diverses pensées sortit un assemblage de prescriptions et de prohibitions qui placèrent les ouvriers vis-à-vis des patrons dans un état d'infériorité conforme à leur rang dans la société. Il leur fut défendu de quitter un établissement sans avoir terminé l'ouvrage commencé et annoncé leur départ un certain temps à l'avance. Ils furent tenus de se munir d'un congé écrit et d'un livret qui restait entre les mains du patron. En cas de contestation, le patron eut le privilège d'être cru de préférence sur son affirmation. Quand un ouvrier manqua à son engagement, il put être poursuivi au criminel comme au civil, tandis que dans le sens inverse un ouvrier ne put réclamer que des dommages-intérêts. Enfin, il fut interdit aux ouvriers sous peine d'emprisonnement de se coaliser et de se réunir ou de s'associer pour former des coalitions.

En 1800, le Parlement britannique fit un premier pas dans le chemin de l'équité en défendant aux chefs d'industrie de se coaliser pour réduire les salaires ; mais les peines étaient encore moins sévères contre eux que contre les ouvriers, et la loi nouvelle eut d'autant moins d'efficacité qu'il existait chez les ouvriers d'autres sujets d'irritation que le châtiment qu'ils encouraient en se coalisant. Les machines ne se multipliaient pas sans enlever pendant un certain temps à des travail-

leurs plus ou moins nombreux leurs moyens d'existence. Beaucoup de manufacturiers rapinaient sur les
salaires par d'indignes manœuvres. Les hommes, les
femmes et les enfants employés à la filature mécanique
étaient entassés dans des ateliers trop étroits. Partout
la journée de travail se prolongeait à l'excès. Les propriétaires de mines y exerçaient un pouvoir absolu;
aucune mesure de sûreté ou de salubrité ne leur était
imposée. La seule arme que les ouvriers eussent pour
défendre leurs intérêts, la coalition, fut d'abord ma-
niée par eux d'une façon inconsidérée qui leur attira
échec sur échec. Une cruelle expérience leur apprit
qu'un concert accidentel et temporaire était vain, qu'il
fallait pour avoir plus de chances de succès, des associations permanentes, dirigées avec méthode et pourvues du nerf de la guerre. Sur cette donnée, des sociétés secrètes s'organisèrent; aucun sacrifice ne coûta
pour former des caisses de grève; il en résulta de si
fréquentes et de si âpres mêlées que l'on cessa de croire
à l'efficacité des prohibitions. Le Parlement reconnut
que la loi de 1800 manquait son but, qu'elle avait le
grand défaut d'exciter chez les ouvriers des sentiments
dangereux, et en 1824 une loi mémorable légitima la
coalition qui serait exempte de toute atteinte à la liberté
de l'industrie ou du travail.

Les hostilités n'en continuèrent pas moins, attendu
que l'apprentissage de la liberté ne s'accomplit pas du
jour au lendemain. Les associations ouvrières recrutèrent des adhérents; il s'en forma de nouvelles qui em-

brassèrent tout un district industriel ; des associations appartenant à la même industrie se liguèrent en forme de fédérations qui s'étendirent à de grandes parties du territoire. La coalition et la grève eurent leur tactique raisonnée qui consista principalement à attaquer les établissements les uns après les autres et à écarter à tout prix les ouvriers appelés pour remplacer les grévistes. Les chefs d'industrie déconcertés d'abord rendirent coup pour coup ; aux grèves partielles, ils opposèrent les suspensions générales du travail ; ils proscrivirent des ouvriers comme les associations mettaient en interdit des établissements. Cet état de discorde attira de nouveau l'attention des pouvoirs publics. Une commission d'enquête formée en 1866 écouta pendant toute une année une foule de déposants opposés ou favorables aux associations ouvrières, et la solution qu'elle conseilla fut de mettre les deux parties intéressées sur un pied d'égalité complète. Le Parlement reconnut que c'était le meilleur parti à prendre ; les associations ouvrières furent reconnues comme personnes civiles sous certaines conditions et affranchies de toutes les dispositions législatives qui avaient entravé leurs mouvements. ___

En France, après la révolution de 1789, l'Assemblée nationale, irritée de ce que des ouvriers de Paris troublaient l'ordre pour des questions de salaires, confondit la coalition dans la proscription des corps de métier, et elle l'interdit comme « une atteinte aux principes de liberté inscrits dans la constitution ». En l'an XI, lorsque le gouvernement consulaire entreprit de réorganiser le régime industriel, les ouvriers ne lui semblèrent pas assez éclairés ni assez sages pour être complètement livrés à eux-mêmes; il lui parut préférable de donner aux patrons une certaine suprématie et de l'appuyer de sa propre autorité, afin d'établir une discipline industrielle sous laquelle la production prendrait un cours régulier. La coalition fut prohibée de nouveau et punie de peines plus sévères à l'égard des ouvriers qu'à l'égard des patrons : injustice qui s'aggrava en ce que maintes fois des chefs d'industrie commirent impunément le délit de coalition au moyen des chambres syndicales qu'ils possédaient, tandis que la moindre grève fut comprimée ou poursuivie avec rigueur. Cette législation accompagnée de mesures de police également odieuses aux ouvriers, était considérée par le gouvernement comme nécessaire au maintien de la paix publique, et au contraire elle ne servait qu'à favoriser les attaques des révolutionnaires contre le gouvernement monarchique et l'ordre social.

Après la révolution de 1848, les ouvriers livrés tout entiers à la poursuite de l'organisation du travail par l'association, négligèrent les lois sur les coalitions. L'année suivante, après la défaite du parti socialiste, un projet de réforme fut remis sur le tapis; mais la majorité de l'assemblée législative se borna à établir dans les peines une égalité factice. Les mécontentements et les démêlés continuèrent. Il arriva aux juges de laisser voir dans leurs sentences qu'il leur en coû-

tait de punir indistinctement toutes les coalitions, lors
même que les motifs en étaient manifestement légitimes. En 1862, les ouvriers typographes de Paris demandèrent que le gouvernement réglât leurs salaires,
puisqu'ils ne pouvaient obtenir une augmentation
dont ils avaient besoin, sans risquer d'être emprisonnés. La prohibition fut attaquée devant la Chambre
des députés. L'empereur reconnut que soit par rapport
à l'État, soit par rapport à la production, il n'y avait
aucune raison solide pour ne pas suivre l'exemple de
l'Angleterre. L'action pénale fut restreinte par une
loi de 1864 aux coalitions qui porteraient atteinte à
la liberté de l'industrie ou du travail par violences,
voies de fait, menaces ou manœuvres frauduleuses, et
cette réforme entraîna comme conséquence le droit
de se réunir. Il manquait encore une liberté sans la
quelle le droit de coalition et le droit de réunion ne
servaient qu'imparfaitement, celle de former, soit
entre patrons, soit entre ouvriers, des associations aptes
à délibérer sur les intérêts communs de leurs membres
et reconnues comme personnes civiles. Ce complément
arriva en 1884.

L'Autriche-Hongrie et la Russie sont les seuls pays
où la coalition est prohibée. Elle a toujours été admise
aux États-Unis comme un droit naturel. L'Allemagne,
la Belgique, l'Espagne, l'Italie, les Pays-Bas et la Suisse
l'ont reconnue comme licite tant qu'elle est exempte de
violence, d'intimidation ou de fraude.

II. — OBJETS

Les coalitions d'ouvriers ont pour but le plus fréquemment d'augmenter la rémunération du travail,
soit directement par une hausse du prix, soit indirectement par une réduction du travail sans réduction du
prix. Du côté des patrons, les coalitions se forment
uniquement, soit pour résister à des demandes d'augmentation du salaire ou de réduction du travail, soit
pour réduire les salaires lorsque l'état du marché rend
cette mesure nécessaire ; car s'il leur est arrivé dans
les temps passés de profiter de leur prépondérance
pour abaisser les salaires au-dessous de leur taux naturel, aujourd'hui avec les changements survenus dans
les mœurs et dans les lois, la situation relative des uns
et des autres est plutôt retournée. Les économistes
pour la plupart n'ont considéré les coalitions qu'à ce
point de vue ; et cependant les ouvriers ont usé de ce
même instrument pour d'autres objets non moins importants. Nombre de coalitions ont été dirigées contre
des pratiques abusives et des règlements injustes ou
pernicieux. Qui n'approuverait par exemple, les efforts
que firent les ouvriers employés dans les houillères de
l'Écosse et de l'Angleterre pour contraindre les exploitants à cesser de payer les salaires en marchandises
et d'employer des femmes et de jeunes enfants dans
les travaux souterrains, pour faire établir une meilleure
ventilation et obtenir l'établissement d'un contrôle

contre des pratiques abusives dans le compte des matières extraites ? Que de réclamations et de coalitions ne fallut-il pas pour empêcher les chefs d'industrie de vendre des denrées aux ouvriers à des prix exorbitants, de leur faire des avances d'argent et ensuite des retenues énormes sur les salaires à titre d'intérêt ?

Il y eut encore d'excellentes raisons pour renfermer la durée du travail dans de justes limites. Tant que les chefs d'industrie avaient conservé leur prépondérance, les journées étaient restées d'une longueur excessive. Or, la société était intéressée elle-même à ce que les ouvriers eussent, non seulement le temps de repos nécessaire à la conservation de leurs forces, mais encore quelques heures disponibles pour des distractions et des occupations morales et intellectuelles. Il a mieux valu assurément que cette réforme s'opérât par des transactions entre les parties intéressées que par l'autorité de l'État.

La gestion des caisses de secours établies dans l'industrie des mines a été un sujet de contestation plus délicat. Les exploitants ont deux motifs plausibles pour vouloir se réserver cette partie du service : les ouvriers, en général, sont peu capables de tenir une comptabilité en règle, et il est à craindre qu'ils ne détournent les fonds de leur destination pour les employer à soutenir des grèves. Cependant lorsque les caisses se composent exclusivement des retenues faites sur les salaires et du produit des amendes, on ne peut avec justice contester aux ouvriers le droit de gérer eux-mêmes des fonds

qui proviennent d'eux seuls. Si les exploitants contribuent par des allocations ou des subventions fixes,
c'est une raison seulement pour que la gestion soit
mixte, c'est-à-dire soumise au contrôle de plusieurs
délégués des ouvriers. Dans tous les cas, il y a là matière à des contestations que l'on éviterait en remplaçant les caisses de secours par des traités avec des
compagnies d'assurances.

Des ouvriers se sont mis en grève parce que leur
patron refusait de congédier un contremaître qui leur
déplaisait, ou des ouvriers avec lesquels ils ne voulaient
pas travailler. Ces prétentions ne sauraient se justifier
si les ouvriers agissent par caprice, ou par esprit d'in-
subordination, ou par une aveugle soumission aux
commandements d'une association; mais il peut arriver qu'un contremaître ne se conduise pas convenablement ou qu'il entre dans un atelier des individus
qui inspirent une répugnance concevable. Les ouvriers
ne seraient absolument dans leur tort que s'ils préten-
daient, ce qui est arrivé quelquefois, choisir eux-mêmes
un contremaître ou contraindre un chef d'établissement à employer des ouvriers contre son gré.

Enfin, il s'est formé une catégorie de coalitions pour
des objets inadmissibles. Là se trouvent les prétentions
dérivées du socialisme en général, et du communisme
en particulier : l'établissement d'un minimum de
salaire obligatoire et l'égalité des salaires; puis pour
l'application de ce dernier principe, la limitation du
travail de chaque ouvrier, l'interdiction du travail à la

tâche, la proscription des machines; conceptions propres à abâtardir la production, à faire rétrograder le bien-être général, et du reste irréalisables. A ces coalitions se rattachent celles qui sont nées sous l'inspiration de l'esprit de monopole, notamment pour fermer aux femmes l'accès de certaines professions et pour limiter le nombre des apprentis.

III. — EFFETS

A entendre la plupart des économistes, les coalitions et les grèves n'ont et ne peuvent avoir que de funestes effets. « Les salaires, disent-ils, ne sauraient augmenter sans que le travail ait d'abord accru la masse de la production en devenant plus fécond, et ce progrès est entravé par la cessation du travail. Les coalitions sont la guerre organisée; elles ont presque toujours échoué; dans les cas rares où elles ont réussi, elles n'ont valu aux ouvriers qu'un avantage éphémère, chèrement acheté, qu'ils eussent obtenu par le cours naturel des choses. C'est pour eux une source de misères, un fléau pour les patrons, une cause de ruine pour des industries entières et de dommage pour la société. »

Ce jugement porté comme une vérité absolue a le défaut de ne reposer que sur une étude incomplète. Nous venons d'expliquer que les ouvriers ne se sont pas coalisés seulement pour des questions de salaires, mais encore pour d'autres objets non moins importants ; or, s'il est vrai que les coalitions ont échoué très fréquemment, il est faux qu'elles aient ruiné des industries et que les ouvriers n'en aient tiré aucun avantage réel et durable. L'histoire en donne la preuve. Ce fut à force de coalitions et de grèves que les ouvriers anglais acquirent en 1824 leur premier titre d'émancipation. Assurément les luttes qu'ils avaient soutenues contre les chefs d'industrie leur avaient causé des pertes considérables, outre les privations subies par eux pendant les chômages et encore après la reprise des travaux pour remplacer les sommes dépensées; mais ils avaient conquis une liberté d'action qui leur permit de se défendre avec moins de désavantage. Il ne s'agissait pas seulement pour eux d'obtenir des salaires plus élevés, ils avaient à s'affranchir de règlements tyranniques, d'usages pernicieux, de pratiques abusives, profondément enracinées, très profitables aux chefs d'industrie et qui eussent défié toutes les attaques d'ouvriers isolés. Faut-il croire que si les ouvriers de l'Écosse et de l'Angleterre se fussent soumis à ce régime avec résignation, ils n'eussent pas attendu longtemps que la philanthropie vînt d'elle-même les en délivrer? Si les réformes qu'ils obtinrent dans le gouvernement des établissements industriels furent très chèrement achetées, elles ne furent point éphémères; car elles se liaient au progrès de la civilisation et elles devaient vivre aussi longtemps que l'industrie vivrait elle-même.

Les coalitions et les grèves exercèrent en outre sur les chefs d'industrie une influence morale très avantageuse pour les ouvriers. Lorsque les premiers eurent

affaire à des centaines d'hommes que le moindre abus
pouvait amener à refuser instantanément de travailler,
ils usèrent de plus de ménagements et d'égards que
lorsqu'ils n'avaient eu devant eux que des ouvriers
isolés ou sujets à être châtiés dès qu'ils agissaient de
concert. La crainte seule des grèves produisit autant
d'effet que les grèves elles-mêmes. « Il en est d'elles, a
dit M. Leroy-Beaulieu, comme des tribunaux, comme
de la guerre, comme du duel même; elles agissent
surtout par la crainte qu'elles inspirent; elles amènent
plus de loyauté dans l'exécution des contrats, plus de
circonspection dans les rapports réciproques. »

Quant aux salaires, la hausse constante et incontestable qu'ils ont éprouvée depuis un siècle et plus, pro-
vient essentiellement du progrès de la civilisation, de
l'accroissement des capitaux, du perfectionnement des
moyens de production, des modifications que les
mœurs et les lois ont apportées dans la répartition du
produit du travail. Même après que les ouvriers sont
devenus libres d'agir de concert et de régler leurs
mouvements, il n'a été en leur pouvoir de faire hausser
les salaires que lorsque les lois économiques l'ont com-
porté, ou dans des circonstances exceptionnelles. Ainsi
on a vu des chefs d'industrie surpris dans un moment
de presse ou sous le coup d'engagements à jour fixe,
trouver plus d'avantage à réduire leurs profits qu'à
subir les conséquences d'un chômage. Des ouvriers,
dans les grandes villes, ont obtenu en se coalisant de
plus fortes rétributions pour des ouvrages qui deman-

daient de l'habileté, ou qui permettaient aux chefs d'industrie de se dédommager en reportant la différence sur les consommateurs ou en la compensant par quelque économie sur les autres frais de production. Dans les circonstances ordinaires les coalitions n'ont pu que hâter la hausse et la pousser jusqu'à un point qu'elle n'eût pas atteint sans leur action, ou en sens inverse, quand la production a baissé, retarder la réduction des salaires ou la tempérer.

Les chefs d'industrie ont eu leurs moyens de défense; tantôt ils ont attendu que la réflexion ou le manque de ressources ramenât les ouvriers dans les ateliers; tantôt ils ont interrompu de concert toutes leurs entreprises. Lorsque des augmentations de salaire ont été obtenues par surprise, les chefs d'industrie ne sont restés sous le joug que jusqu'à l'achèvement de l'ouvrage, ou jusqu'à ce que la production ait baissé et que les ouvriers inoccupés aient accepté des conditions conformes à l'état du marché. Il est arrivé aussi que des chefs d'industrie, tout en continuant de subir une hausse dans le prix du travail, ont cherché et trouvé des moyens de de production moins coûteux; les uns y sont parvenus en employant des machines; d'autres ont déplacé des travaux qui pouvaient s'exécuter à plus bas prix dans d'autres endroits; d'autres ont tiré de l'étranger des produits tout préparés. Ainsi, en France, la chapellerie commune et beaucoup d'impressions typographiques ont passé de Paris dans les départements. Les entrepreneurs de bâtiments ont substitué le fer au bois au-

tant qu'il leur a été possible ; et ils font venir de la
Norvège des fenêtres et des portes toutes faites. Dans
ces différents cas, les grèves qui avaient fait hausser
les salaires, ont fini par tourner au détriment des ouvriers.

IV. — REMÈDES

L'inefficacité des prohibitions et des peines a fait
chercher des expédients pour éteindre, ou du moins
pour atténuer les discordes entre les patrons et les
ouvriers. Des Anglais ont imaginé d'établir des conseils arbitraux composés de délégués élus en nombre
égal par les deux parties et chargés : 1° de rédiger des
tarifs de salaires, 2° de juger les contestations qui
peuvent s'élever ensuite à ce sujet. Les tarifs sont exécutoires, soit pendant une année, soit indéfiniment
tant que l'état du marché le comporte. Dans ce second
cas la partie qui désire un changement doit en faire
la demande un mois à l'avance. Quand la convention
est faite pour une année, les pouvoirs sont renouvelés
et le tarif est remis en délibération. Les délégués jugent
les différends sans avoir à en référer à leurs mandants,
attendu que ces derniers se sont engagés à se conformer à leurs décisions. Ce système demande un
esprit de conciliation et d'équité qui n'est pas commun.
Il faut des discussions dans lesquelles les chefs d'industrie ont à donner des explications qui ne leur conviennent pas toujours. Aussi ne compte-t-on pas
beaucoup de conseils de ce genre.

Les sociétés coopératives de production ont paru propres à mettre d'accord le capital et le travail en les confondant l'un avec l'autre ; mais l'expérience montre que les entreprises de ce genre rencontrent de grands obstacles et que lorsqu'elles les surmontent, elles sont comme condamnées par un vice inhérent à leur nature, soit à dévier de leur principe et de leur forme originelle, soit à rester confinées dans un cercle très étroit. En effet, si la production grandit, c'est à l'aide d'emprunts qui ne peuvent être seulement hypothécaires, puisqu'il faut une réserve pour les pertes ; les fondateurs créent des actions, et à mesure que leur capital s'accroît, ils prennent des auxiliaires de plus en plus nombreux qui ne reçoivent que leur salaire comme chez les entrepreneurs ordinaires. Pour tout résultat, il se trouve un groupe d'ouvriers élevés au rang d'actionnaires et de gérants, et chez eux pas plus qu'ailleurs la porte n'est fermée aux coalitions et aux grèves. Si au contraire les fondateurs continuent, conformément à leur principe, de remplir seuls le double rôle d'ouvriers et d'actionnaires, leurs affaires, comme leurs ressources, restent modiques. L'accord n'existe alors que dans de petits groupes.

Un autre remède souverain selon ses panégyristes, à savoir, la participation des ouvriers aux bénéfices des entreprises, demande, pour atteindre son but, un courant d'affaires toujours avantageux ; ce qui n'arrive que dans des établissements pourvus de certains avantages qui donnent au travail une stabilité exceptionnelle. Quand le dividende baisse ou manque, les chefs d'industrie en général ne peuvent rendre compte de l'état de leurs affaires sans compromettre leur crédit, et en ne le faisant pas, ils sont exposés aux critiques et aux soupçons. Il n'y a pas alors de raison pour que le bon accord règne plus qu'ailleurs. Si les affaires prospèrent, le personnel devient de plus en plus nombreux, et comme les bénéfices n'augmentent pas dans la même proportion, on se trouve dans l'alternative d'exclure les nouveaux venus de la participation, ou de prendre sur la part des premiers participants pour traiter également les uns et les autres ; dans le premier cas, il reste en dehors une masse d'ouvriers, et dans le second le dividende se réduisant à peu de chose, l'effet moral est manqué.

Les socialistes mystiques et les socialistes collectivistes ou communistes ont chacun leurs conceptions pour la félicité des travailleurs. Selon les premiers, la paix et le bien-être régneraient dans le monde industriel si l'on formait des corps de métiers composés de patrons et d'ouvriers imbus de sentiments de piété et disposés à agir chrétiennement les uns envers les autres ; ce qui ne s'est jamais vu et ne saurait se voir davantage aujourd'hui. Créer d'une part une tutelle bienveillante et constamment pleine de sollicitude, de l'autre une déférence respectueuse et reconnaissante, est un idéal qui ne pourrait se réaliser que dans des cas isolés et très rares. La masse des ouvriers n'est nullement disposée à se ranger docilement sous un régime qui sentirait la dépendance, et l'on ne saurait non plus trouver dans les chefs d'industrie en général les vertus nécessaires à l'accomplissement d'une œuvre pareille.

Quant aux socialistes collectivistes ou communistes, leurs conceptions aboutissent à l'établissement d'un ordre de choses dans lequel tous les travailleurs obtiendraient une part égale de choses nécessaires à la vie. A cet effet, le pouvoir social déterminerait les objets à fabriquer, les quantités et les qualités; il éliminerait les objets qui ne rentreraient pas dans ce système de production; il ordonnerait les différents travaux et répartirait entre eux les bras disponibles. Les produits se distribueraient au moyen de bons de consommation; car la monnaie serait abolie. Comment se procurerait-on les denrées exotiques dont on aurait besoin? Comment le pouvoir social ferait-il exécuter, sans blesser l'égalité, les travaux malsains, dangereux ou dégoûtants? On n'en sait rien encore. En supposant que les ordonnateurs parvinssent à faire marcher convenablement cette machine, ce qui n'est guère probable, il faut encore supposer que tous les travailleurs, même ceux dont les métiers seraient supprimés, — car les objets de luxe, de fantaisie et d'art décoratif n'auraient plus de raison d'être, — que tous ces hommes consentiraient chacun à exécuter docilement et assidûment la tâche qui leur serait assignée et s'estimeraient heureux de vivre avec la portion qui leur serait délivrée dans les produits de la communauté. Semble-t-il croyable qu'un pareil joug ne rencontrerait pas une résistance invincible dans les sentiments naturels qu'il contrarierait? L'Hindou lui-même fait du moins l'ouvrage qui lui convient et dispose du prix à son gré. Si les ouvriers obéissaient, ce serait parce que leur âme aurait perdu son ressort et la production alors s'abâtardirait (1).

En somme le remède capital pour combattre les coalitions et les grèves a été de leur laisser le champ libre pourvu qu'elles fussent pacifiques et loyales. Entre ceux qui commandent le travail et ceux qui l'exécutent, il y a toujours eu et il y aura toujours des chocs d'intérêt qui n'appellent l'intervention du pouvoir que si la paix publique est menacée ou troublée. Les mesures prohibitives n'ont jamais fait qu'aigrir le mal. Tant que l'ordre public est sauf, il n'y a pas de raison pour que le pouvoir se mêle des débats entre les acheteurs et les vendeurs de travail, plus que des débats entre les acheteurs et les vendeurs de toute autre chose. La liberté a eu pour premier avantage de faire disparaître les conciliabules, les sociétés secrètes et les menées occultes qui formaient de plus grands dangers que les luttes au grand jour. Les ouvriers ont perdu le droit de se dire opprimés; en devenant libres, ils sont devenus responsables de leurs actes; il ne leur a plus

(1) Nous ne citons que les collectivistes, parce qu'ils ont une conception, sinon réalisable, au moins systématique, tandis que le parti qui s'intitule radical socialiste n'a pas d'idées arrêtées, ni de vues d'ensemble, relativement au travail.

été permis de rejeter sur les injustes rigueurs de la loi leurs erreurs et leurs excès. En Angleterre, ils ont commencé par vouloir exercer à leur tour une suprématie aussi peu légitime que celle dont ils avaient souffert. Dans la vue de s'attribuer le monopole du marché du travail et de mettre à leur merci les chefs d'industrie, ils ont eu recours à des procédés abusifs, brutaux, même criminels ; mais quand ils ont vu se déployer devant eux les moyens de défense de leurs adversaires et qu'ils ont fait le compte de ce que leur coûtait la grève, ils ont reconnu pour la plupart que c'était un instrument trop dispendieux pour l'employer à tout propos. Les présidents des associations n'ont cessé de recommander de terminer les différends par des arbitrages et par des transactions, de n'abandonner le travail qu'après mûre réflexion, lorsqu'il serait impossible de faire autrement. Les coalitions et les grèves sont devenues plus rares; elles ont été entreprises et conduites avec plus d'intelligence ; par suite la force brutale n'y a plus fait que de rares apparitions.

Sur le continent ces heureux effets seront plus longs à venir. Il y a beaucoup moins longtemps que la liberté y a pris pied, et elle n'est pas encore complète dans tous les pays. Beaucoup d'ouvriers ne gagnent pas assez pour payer régulièrement les cotisations qu'exigent des associations permanentes ; d'autres qui le pourraient ne veulent pas se passer même du superflu ; d'autres préfèrent s'affilier à des sociétés de secours mutuels. La plupart des chambres syndicales ou syn-

dicats d'ouvriers n'en renferment qu'une faible minorité et leurs moyens pécuniaires sont très bornés. Avec
les idées socialistes ou communistes répandues parmi
les ouvriers, le personnel dirigeant n'est pas rétribué
le plus souvent ou l'est insuffisamment, de sorte que
les associations, en général, n'ont point à leur tête,
comme les associations anglaises, des hommes capables,
qui mettent toute leur intelligence et tout leur temps
au service des affaires du métier. Il se fait des mani-
festes, des discours d'apparat, des diatribes contre
les patrons, contre le gouvernement, contre l'ordre
social ; il ne se fait pas encore d'études et de recherches
utiles sur les ventes, sur les prix des produits, sur
l'état du marché du travail. Dans les enquêtes industrielles, nombre de dépositions d'ouvriers annoncent
l'ignorance, l'irréflexion, ou l'esprit de monopole.
Mais la coalition n'en restera pas là ; c'est à la condition de faire des faux pas et des chutes qu'on apprend
à marcher. Avec les lumières qu'apportera l'expérience,
il se formera des associations ou syndicats plus solides,
mieux dirigés. A mesure, la grève deviendra plus rare ;
la réflexion s'en rendra maîtresse, et la violence n'en
sera plus la compagne comme par le passé.

FIN

APPENDICE

LOIS DE DIVERS PAYS CONCERNANT LES COALITIONS

ALLEMAGNE

Loi industrielle de 1869.

152. Sont abolies toutes les prohibitions et les dispositions pénales contre les coalitions ou associations formées par des entrepreneurs d'industrie, des employés ou des ouvriers de fabrique ou de mine, afin d'obtenir des salaires plus élevés ou des améliorations dans les conditions du travail, notamment en cessant de travailler ou en congédiant les ouvriers.

Tout membre d'une coalition ou association semblable est libre de s'en retirer, sans que ce fait puisse donner lieu à une plainte ou opposition.

(Les prohibitions sont maintenues à l'égard des ouvriers agricoles.)

153. Quiconque, par des actes de violence, ou par des menaces, ou par des diffamations ou des outrages,

ou par des interdictions ou proscriptions, détermine ou tente de déterminer d'autres individus à entrer dans des coalitions ou associations spécifiées ci-dessus (art. 152), ou à leur obéir, ou quiconque, par des moyens semblables, empêche ou tente d'empêcher d'autres individus de se retirer de ces coalitions ou associations, sera puni d'un emprisonnement de trois mois au maximum, s'il n'est pas passible d'une peine plus forte selon le droit commun.

Le Code pénal renferme des articles applicables aux coalitions qui seraient accompagnées de violences contre les personnes ou les propriétés (art. 124, 125, 126), ou qui entraveraient un service public (art. 315, 317).

ANGLETERRE

Loi du 29 juin 1871 (34 et 35 Vict. chap. xxxi).

2. Les actes d'une association ouvrière ne seront plus considérés, par cela seul qu'ils entraveraient le travail, comme étant illégaux, de sorte qu'un membre quelconque d'une association semblable soit exposé à être poursuivi au criminel pour délit de *conspiracy* (1).

3. Les actes d'une association ouvrière ne seront plus illégaux, de sorte que toute convention ou tout mandat soit nul ou annulable, par cela seulement qu'il entraverait le travail.

4. Aucun tribunal ne devra connaître d'une action quelconque intentée afin de faire exécuter une des conventions spécifiées ci-après, ou afin d'obtenir des dommages-intérêts pour violation d'une de ces conventions, savoir : 1° convention par laquelle des membres d'une association ouvrière fixeraient les conditions auxquelles ils devraient ou ne devraient pas vendre leurs marchandises, faire des affaires, donner du tra-

(1) Voy. plus haut, page 36.

vail ou en accepter; 2° convention par laquelle une personne s'engagerait à payer à une association ouvrière, soit une souscription, soit une amende; 3° convention par laquelle les fonds d'une association ouvrière seraient employés, soit à procurer des avantages à ses membres, soit à fournir des subsides à un chef d'industrie ou à un ouvrier étranger à l'association qui agirait conformément à ses règlements ou décisions, soit à payer une amende infligée à une personne quelconque par une sentence juridique; 4° convention faite entre une association ouvrière et une autre; 5° engagement ayant pour but d'assurer l'exécution des conventions spécifiées ci-dessus.

6. Toute association ouvrière composée au moins de sept membres pourra se faire enregistrer en présentant ses statuts revêtus de la signature de ses membres, ou en se conformant autrement à la présente loi quant à l'enregistrement. Toutefois si l'association se proposait de faire quelque acte illégal, l'enregistrement serait nul.

7. Toute association ouvrière enregistrée pourra acheter ou louer, sous le nom de ses administrateurs, des terres d'un acre d'étendue au maximum, et les vendre, échanger, hypothéquer ou louer. Les tiers qui contracteront ainsi avec l'association ne seront pas tenus de s'informer si les administrateurs ont pouvoir à cet effet; les quittances de ces derniers vaudront décharge. Les dispositions qui précèdent seront applicables à une branche d'association aussi bien qu'à une association même.

8. Les propriétés immobilières et mobilières de toute association ouvrière ou branche d'association seront confiées à ses administrateurs, et en cas de décès ou de révocation, elles passeront de plein droit aux successeurs, à l'exception des titres de rentes sur l'État, lesquels devront être transférés au nom des nouveaux administrateurs.

9. Les administrateurs d'une association ouvrière enregistrée, ou les employés dûment autorisés à le faire, pourront intenter ou faire intenter toute action ou poursuite concernant les biens ou les droits appartenant à cette association, ou y défendre, ou y faire défendre. Dans toute instance la procédure sera suivie pour ou contre les administrateurs en exercice, en leur nom, sans autre indication que celle de leur qualité. L'action ou poursuite ne sera pas arrêtée par la mort ou la révocation d'un ou de plusieurs administrateurs; elle se poursuivra au nom de leurs successeurs.

10. Les administrateurs seront responsables seulement des sommes qu'ils auront reçues pour le compte de leur association, et non des déficits qui pourront survenir dans ses fonds.

11. Les trésoriers ou autres employés des associations autorisées devront rendre compte aux administrateurs ou aux membres assemblés, soit aux époques fixées par les statuts, soit lorsqu'ils en seront requis, de toutes les sommes reçues et payées par eux depuis leur dernière reddition de compte, et des valeurs appartenantà l'association. Si les trésoriers ou employés ne rem-

plissent pas cette obligation, les administrateurs peuvent les poursuivre en restitution des sommes ou valeurs.

12. Si un employé ou un membre d'une association ouvrière enregistrée, ou une autre personne quelconque, s'empare frauduleusement de sommes d'argent, valeurs ou effets appartenant à cette association, ou, les ayant en sa possession, les détient indûment ou en fait un emploi frauduleux, ou les emploie en totalité ou en partie à d'autres objets qu'à ceux qui sont déterminés par les statuts de l'association, la cour de juridiction sommaire compétente peut, sur la plainte de l'association ou de toute personne en son nom, ordonner la restitution des sommes, valeurs ou effets, et le payement, si la cour le juge à propos, d'une amende de 20 livres sterling (500 francs) au maximum et de 20 shillings (25 francs) au minimum. Faute de restitution, la cour peut condamner le délinquant à trois mois d'emprisonnement au maximum, avec ou sans travail forcé.

20. La voie de l'appel est ouverte devant un tribunal supérieur dans le délai de quinze jours au moins et de quatre mois au plus.

Loi du 13 août 1875 (38 et 39 Vict., chap. LXXXVI).

Toute convention ou concert entre deux personnes ou davantage pour faire ou faire faire un acte quelconque tendant à occasionner ou favoriser un démêlé entre des chefs d'industrie et des ouvriers ne pourra être poursuivi comme *conspiracy*, si cet acte commis par une seule personne ne serait pas punissable comme criminel.

Cette disposition ne touche point aux lois concernant les attroupements, les réunions illégales, les atteintes à la paix publique, la sédition, ou les crimes contre l'État ou le Souverain.

Lorsque la convention ou le concert n'a pour objet qu'un acte punissable sur procédure sommaire et que le coupable est condamné à l'emprisonnement, la durée de cette peine n'excédera pas trois mois, à moins que cet acte ne soit punissable d'un emprisonnement de plus longue durée lorsqu'il est commis par une seule personne (art. 3).

Si une personne employée par une autorité municipale, ou par une compagnie, ou par un entrepreneur chargé de fournir du gaz ou de l'eau à une ville ou à une agglomération quelconque d'habitants, rompt son engagement volontairement et dans une intention malveillante, sachant ou ayant lieu raisonnablement de penser que ce fait aura probablement pour conséquence de priver les habitants de leur approvisionnement de gaz ou d'eau en totalité ou en grande partie, sera punissable soit d'une amende qui n'excédera pas 20 livres sterling (500 fr.), soit d'un emprisonnement qui n'excédera pas trois mois, avec ou sans travail forcé (art. 4).

Toute personne qui, volontairement et dans une intention malveillante, soit seule, soit de concert avec d'autres, rompra un contrat de louage d'ouvrage, sachant ou ayant lieu raisonnablement de penser que ce fait aura probablement pour conséquence de mettre en danger la vie des gens ou les propriétés immobilières ou mobilières, sera punissable de l'une ou l'autre peine spécifiée ci-dessus (art. 5).

Toute personne qui injustement et sans droit, en vue de contraindre une autre personne de faire ou de s'abstenir de faire ce qu'elle est en droit de ne pas faire ou de faire, 1° use de violence ou d'intimidation envers cette personne, ou sa femme ou ses enfants, ou endommage sa propriété; 2° ou suit avec persistance cette autre personne de lieu en lieu; 3° ou cache les outils, vêtements, ou autres objets appartenant à cette autre personne, ou les lui enlève, ou l'empêche de s'en servir; 4° ou épie ou assiège, soit la maison ou autre endroit où cette autre personne demeure, ou travaille, ou exerce une industrie, ou se trouve par hasard, soit les alentours de cette maison ou autre endroit; 5° ou suit cette autre personne avec deux personnes ou davantage, d'une façon tumultueuse, sur la voie publique, sera passible, soit d'une amende qui n'excédera pas 20 livres sterling (500 fr.), soit d'un emprisonnement qui n'excédera pas trois mois, avec ou sans travail forcé (art. 7).

BELGIQUE

---

310. Sera punie d'un emprisonnement de huit jours à trois mois et d'une amende de 26 francs à 1000 francs, ou de l'une de ces deux peines seulement, toute personne qui, dans le but de forcer la hausse ou la baisse des salaires, ou de porter atteinte au libre exercice de l'industrie ou du travail, aura commis des violences, proféré des injures ou des menaces, prononcé des amendes, des défenses, des interdictions ou toute proscription quelconque, soit contre ceux qui travaillent, soit contre ceux qui font travailler.

Il en sera de même de tous ceux qui, par des rassemblements près des établissements ou près de la demeure de ceux qui les dirigent, auront porté atteinte à la liberté des maîtres ou des ouvriers.

ESPAGNE

CODE PÉNAL.

---

556. Ceux qui se coaliseraient dans le but de faire hausser ou baisser abusivement le prix de la main-d'œuvre, ou d'en régler les conditions, seront punis, si la coalition a un commencement d'exécution, d'un emprisonnement d'un à six mois.

Le maximum de la peine sera infligé aux chefs ou promoteurs de la coalition et à ceux qui pour en assurer le succès, emploieraient des violences ou des menaces, à moins que ces faits, par eux-mêmes, ne méritent une peine supérieure.

Loi du 15 juin 1880.

1. Le droit de réunion pacifique, conféré à tous Espagnols par l'article 13 de la constitution, peut s'exercer à condition, lorsque la réunion doit être publique, que ceux qui la convoquent donnent connaissance, vingt-quatre heures auparavant, de l'objet, du jour, de l'heure et du lieu, au gouverneur civil dans

les chefs-lieux de province, et à l'autorité locale dans les autres centres de population.

2. La présente loi s'applique aux réunions composées de plus de vingt personnes et qui se tiennent dans un bâtiment où les personnes qui les convoquent ne sont pas domiciliées.

3. Les réunions ne peuvent se tenir sur la voie publique sans un permis par écrit des autorités indiquées dans l'article premier.

4. L'autorité peut assister en personne, ou se faire représenter par des délégués, à toute réunion publique. Lorsqu'elle y assiste en personne, elle choisit sa place, sans présider ni s'ingérer dans les discussions.

5. L'autorité suspendra ou dissoudra les réunions qui se tiendraient en dehors des conditions déterminées par la présente loi, ou qui traiteraient d'autres objets que ceux spécifiés dans la déclaration, ou qui se tiendraient ailleurs que dans le lieu désigné, ou qui embarrasseraient la voie publique, ou qui seraient définies dans l'article 189 du Code pénal, ou dans lesquelles on commettrait ou l'on parlerait de commettre quelqu'un des délits spécifiés au titre III, livre II, du même Code.

CODE PÉNAL.

190. Les promoteurs de réunion qui n'auront pas donné connaissance à l'autorité par écrit, de l'objet, du jour, de l'heure et du lieu, vingt-quatre heures à l'avance, seront punis d'un emprisonnement d'un mois

et un jour à six mois et d'une amende de 125 à 1250 pesetas (162 fr. 50 c. à 1625 fr.).

194. Les simples assistants à des réunions tenues contrairement à des arrêtés de police permanents ou en plein air, seront punis d'un emprisonnement d'un mois et un jour à six mois.

195. Seront punis comme il est dit à l'article 190, les promoteurs de réunion et les assistants qui ne la dissoudraient pas à la seconde sommation de l'autorité ou de ses agents.

198. Sont illicites les associations contraires à la morale publique et les associations ayant pour but de commettre un des délits punis dans le présent Code.

199. Seront punis d'un emprisonnement de six mois et un jour à six ans : 1° les fondateurs, chefs ou présidents d'associations comprises dans l'article précédent; 2° les fondateurs, chefs ou présidents d'associations établies sans que l'autorité locale ait été informée de leur objet et de leurs statuts huit jours avant la première assemblée, et du lieu où les séances doivent avoir lieu; 3° les chefs ou présidents d'associations qui ne permettraient pas à l'autorité ou à ses agents d'entrer dans le lieu des séances ou d'y assister; 4° les chefs ou présidents qui ne lèveraient pas la séance à la seconde sommation de l'autorité ou de ses agents.

200. Seront punis d'un emprisonnement d'un mois et un jour à six mois : 1° les membres des associations illicites; 2° les membres qui ne permettraient pas à l'autorité ou à ses agents d'entrer dans le lieu des

séances ou d'y assister ; 3° les membres qui ne se retireraient pas à la seconde sommation de l'autorité ou de ses agents.

201. Seront punis d'un emprisonnement d'un mois et un jour à six mois et d'une amende de 125 à 1250 pesetas les fondateurs, chefs, présidents ou membres d'associations qui voudraient tenir une séance après qu'elle aurait été suspendue par l'autorité ou par ses agents.

FRANCE

CODE PÉNAL.

414. Sera puni d'un emprisonnement de six jours à trois ans et d'une amende de 16 francs à 3000 francs, ou de l'une de ces deux peines seulement, quiconque, à l'aide de violences, voies de fait, menaces ou manœuvres frauduleuses, aura amené ou maintenu, tenté d'amener ou de maintenir une cessation concertée de travail, dans le but de forcer la hausse ou la baisse des salaires ou de porter atteinte au libre exercice de l'industrie ou du travail.

415. Lorsque les faits punis par l'article précédent auront été commis par suite d'un plan concerté, les coupables pourront être mis, par l'arrêt ou le jugement, sous la surveillance de la haute police pendant deux ans au moins et cinq au plus.

Les articles 414 et 415 ci-dessus sont applicables aux propriétaires et fermiers, ainsi qu'aux moissonneurs, domestiques et ouvriers de la campagne.

Loi du 1er juillet 1881.

1. Les réunions publiques sont libres. Elles peuvent avoir lieu sans autorisation préalable, sous les conditions prescrites par les articles suivants.

2. Toute réunion publique sera précédée d'une déclaration indiquant le lieu, le jour, l'heure de la réunion. Cette déclaration sera signée par deux personnes au moins, dont l'une domiciliée dans la commune où la réunion doit avoir lieu.

Les déclarants devront jouir de leurs droits civils et politiques, et la déclaration indiquera leurs noms, qualités et domiciles.

Les déclarations sont faites : à Paris, au préfet de police ; dans les chefs-lieux de département, au préfet ; dans les chefs-lieux d'arrondissement, au sous-préfet ; et dans les autres communes, au maire.

Il sera donné immédiatement récépissé de la déclaration. Dans le cas où le déclarant n'aurait pu obtenir de récépissé, l'empêchement ou le refus pourra être constaté par acte extrajudiciaire ou par attestation signée de deux citoyens domiciliés dans la commune. Le récépissé ou l'acte qui en tiendra lieu, constatera l'heure de la déclaration.

La réunion ne peut avoir lieu qu'après un délai d'au moins vingt-quatre heures.

3. (L'article concerne les réunions électorales.)

4. La déclaration fera connaître si la réunion a pour

but une conférence, une discusion publique, ou si elles doit constituer une réunion électorale.

5. (L'article concerne les réunions électorales.)

6. Les réunions ne peuvent être tenues sur la voie publique ; elles ne peuvent se prolonger au delà de onze heures du soir ; cependant, dans les localités où la fermeture des établissements publics a lieu plus tard, elles pourront se prolonger jusqu'à l'heure fixée pour la fermeture de ces établissements.

7. Les clubs demeurent interdits.

8. Chaque réunion doit avoir un bureau composé de trois personnes au moins ; le bureau est chargé de maintenir l'ordre, d'empêcher toute infraction aux lois, de conserver à la réunion le caractère qui lui a été donné par la déclaration ; d'interdire tout discours contraire à l'ordre public et aux bonnes mœurs, ou contenant provocation à un acte qualifié crime ou délit.

A défaut de désignation par les signataires de la déclaration, les membres du bureau seront élus par l'assemblée.

Les membres du bureau et, jusqu'à la formation du bureau, les signataires de la déclaration, sont responsables des infractions aux articles 6, 7 et 8 de la présente loi.

9. Un fonctionnaire de l'ordre administratif ou judiciaire peut être délégué, à Paris, par le préfet de police, et dans les départements par le préfet, le sous-préfet ou le maire, pour assister à la réunion. Il choisit sa place.

Il n'est rien innové aux dispositions de l'article 3 de la loi des 16-24 août 1790, de l'article 9 de la loi des 19-22 juillet 1791 et des articles 9 et 15 de la loi du 18 juillet 1837.

Toutefois le droit de dissolution ne devra être exercé par le représentant de l'autorité que s'il en est requis par le bureau, ou s'il se produit des collisions et voies de fait.

10. Toute infraction aux dispositions de la présente loi sera punie des peines de simple police, sans préjudice des poursuites pour crimes ou délits qui pourraient être commis dans les réunions.

Loi du 21 mars 1884.

1. Sont abrogés la loi des 14-17 juin 1791 et l'article 416 du Code pénal. Les articles 291, 292, 293, 294 du Code pénal et la loi du 18 avril 1834 ne sont pas applicables aux syndicats professionnels.

2. Les syndicats ou associations professionnelles, même de plus de vingt personnes exerçant la même profession, des métiers similaires ou des professions connexes concourant à l'établissement de produits déterminés, pourront se constituer librement sans l'autorisation du gouvernement.

3. Les syndicats professionnels ont exclusivement pour objet l'étude et la défense des intérêts économiques, industriels, commerciaux et agricoles.

4. Les fondateurs de tout syndicat professionnel

devront déposer les statuts et les noms de ceux qui, à un titre quelconque, seront chargés de l'administration ou de la direction.

Ce dépôt aura lieu à la mairie de la localité où le syndicat sera établi, et, à Paris, à la préfecture de la Seine.

Ce dépôt sera renouvelé à chaque changement de la direction ou des statuts.

Communication des statuts devra être donnée par le maire ou par le préfet de la Seine au procureur de la république.

Les membres de tout syndicat professionnel chargés de l'administration ou de la direction de ce syndicat devront être Français et jouir de leurs droits civils.

5. Les syndicats professionnels régulièrement constitués d'après les prescriptions de la présente loi, pourront librement se concerter pour l'étude et la défense de leurs intérêts économiques, industriels, commerciaux et agricoles. Ces unions devront faire connaître, conformément au deuxième paragraphe de l'article 4, les noms des syndicats qui les composent. Elles ne pourront posséder aucun immeuble ni ester en justice.

6. Les syndicats professionnels de patrons ou d'ouvriers auront le droit d'ester en justice.

Ils pourront employer les sommes provenant des cotisations. Toutefois ils ne pourront acquérir d'autres immeubles que ceux qui seront nécessaires à leurs réunions, à leurs bibliothèques et à des cours d'instruction professionnelle.

Ils pourront, sans autorisation, mais en se conformant aux autres dispositions de la loi, constituer entre leurs membres des caisses de secours mutuels et de retraites.

Ils pourront librement créer et administrer des bureaux de renseignements pour les offres et les demandes de travail.

Ils pourront être consultés sur tous les différends et toutes les questions se rattachant à leur spécialité.

Dans les affaires contentieuses, les avis des syndicats seront tenus à la disposition des parties, qui pourront en prendre communication et copie.

7. Tout membre d'un syndicat professionnel peut se retirer à tout instant de l'association, nonobstant toute clause contraire, mais sans préjudice du droit pour le syndicat de réclamer la cotisation de l'année courante.

Toute personne qui se retire d'un syndicat conserve le droit d'être membre des sociétés de secours mutuels et de pensions de retraite pour la vieillesse à l'actif desquelles elle a contribué par des cotisations ou versements de fonds.

8. Lorsque des biens auront été acquis contrairement aux dispositions de l'article 6, la nullité de l'acquisition ou de la libéralité pourra être demandée par le procureur de la république ou par les intéressés. Dans le cas d'acquisition à titre onéreux, les immeubles seront vendus et le prix en sera déposé à la caisse de l'association. Dans le cas de libéralité, les biens feront retour aux disposants ou à leurs héritiers ou ayants cause.

9. Les infractions aux dispositions des articles 2, 3, 4, 5 et 6 de la présente loi seront poursuivies contre les directeurs ou administrateurs des syndicats et punies d'une amende de 16 francs à 200 francs. Les tribunaux pourront, en outre, à la diligence du procureur de la république, prononcer la dissolution du syndicat et la nullité des acquisitions d'immeubles faites en violation des dispositions de l'article 6.

En cas de fausse déclaration relative aux statuts et aux noms et qualités des administrateurs ou directeurs, l'amende pourra être portée à 500 francs.

ITALIE

CODE PÉNAL.

---

385. Toute coalition formée entre ceux qui emploient des ouvriers tendant à imposer injustement ou abusivement à ces derniers une réduction de salaire, ou à les forcer de recevoir en payement total ou partiel du salaire desmarchandises, denrées ou autres objets, sera, si elle a été suivie d'un commencement d'exécution, punie d'un emprisonnement d'un mois au plus, et d'une amende de 100 à 3000 livres.

386. Toute coalition formée entre des ouvriers dans le but de suspendre, empêcher ou enchérir le travail sans motif raisonnable, sera, si elle a été suivie d'un commencement d'exécution, punie d'un emprisonnement de trois mois au maximum.

387. Dans les cas prévus par les deux articles précédents, les principaux instigateurs ou promoteurs seront punis d'un emprisonnement de six mois au plus.

388. Les dispositions des trois articles précédents sont respectivement applicables, 1° aux propriétaires ou fermiers qui, sans de justes motifs, se seraient en-

tendus pour faire baisser le salaire des ouvriers agricoles ou réduire leur journée à vil prix, 2° aux ouvriers agricoles qui, sans de justes motifs, se coaliseraient pour faire hausser le prix de la journée de travail.

PAYS-BAS

Loi du 12 avril 1872, remplaçant les articles 414, 415, 416
du Code pénal de 1810.

1. Sera puni d'un emprisonnement d'un mois à deux ans et d'une amende de 20 à 800 florins (42 à 1680 francs), ou de l'une de ces deux peines seulement, quiconque, à l'aide de violence, en enlevant, endommageant, ou mettant hors d'état de servir les instrúments ou les outils, en menaçant d'un fait punissable ou au moyen de manœuvres frauduleuses, aura porté ou tenté de porter atteinte à la liberté d'autrui d'exercer son travail ou son industrie.

Sera puni d'un emprisonnement de six jours à trois mois et d'une amende de 8 à 200 florins, ou de l'une de ces deux peines seulement, quiconque aura commis le délit prévu par le paragraphe précédent, à l'aide d'injures ou de participation à des attroupements, sans préjudice des peines plus fortes prononcées par la loi contre les faits énoncés au paragraphe précédent.

TABLE DES MATIÈRES

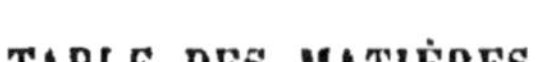

VIII

5421-86. — Corbeil, Typ. et stér. Crété.